POLYGLOTT on tour

Baltikum

Litauen, Lettland & Estland

W0039671

Der Autor
Jochen Könnecke

**Mit großer Faltkarte
& 80 Stickern
für die individuelle Planung**

www.polyglott.de

SYMBOLE ALLGEMEIN

 Besondere Tipps der Autoren

SPECIAL Specials zu besonderen
Aktivitäten und Erlebnissen

 Spannende Anekdoten
zum Reiseziel

 Top-Highlights und
Highlights der Destination

Top-Touren & Sehenswertes

TOUR-SYMBOLE		**PREIS-SYMBOLE**	
❶ Die POLYGLOTT-Touren		Hotel DZ	Restaurant
🔲 Stationen einer Tour	€	bis 40 EUR	bis 20 EUR
❶ Zwischenstopp Essen & Trinken	€€	40 bis 80 EUR	20 bis 40 EUR
① Hinweis auf 50 Dinge	€€€	über 80 EUR	über 40 EUR
[A1] Die Koordinate verweist auf die Platzierung in der Faltkarte			
[a1] Platzierung Rückseite Faltkarte			

Perfekte Planung
Parallel Klappe vorne links aufschlagen

1 Touren-Start

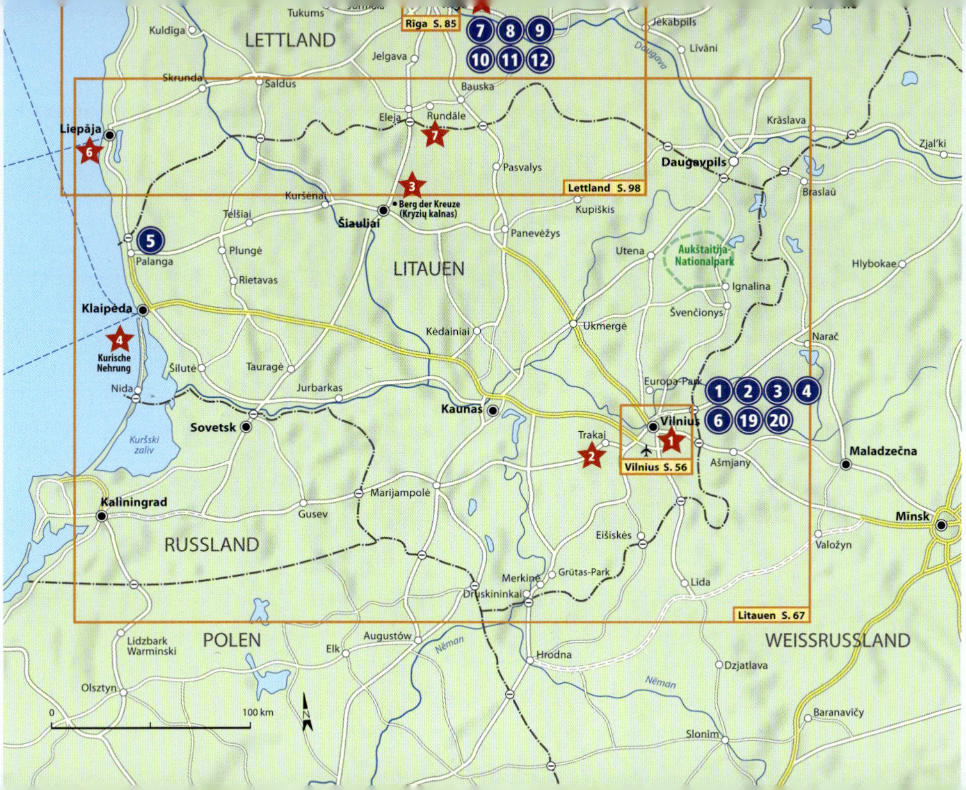

Zeichenerklärung der Karten

- beschriebene Region (Seite=Kapitelanfang)
- **10 E h** Sehenswürdigkeiten
- **4** Tourenvorschlag
- Autobahn
- Schnellstraße
- Hauptstraße
- sonstige Straßen
- Fußgängerzone
- Eisenbahn
- Staatsgrenze
- Landesgrenze
- Nationalparkgrenze

Minsk

Maladzečna

WEISSRUSSLAND

Litauen S. 67

Daugavpils

Aukštaitijos Nationalpark

Vilnius S. 56

LETTLAND

Lettland S. 98

Riga S. 85

Berg der Kreuze (Kryžiu kalnas)

Šiauliai

LITAUEN

Kaunas

RUSSLAND

POLEN

Kaliningrad

Sovetsk

Klaipėda

Kurische Nehrung

Liepāja

Palanga

100 km

Sand, Wasser und ein hoher Himmel –
Blick von der Großen Düne über Nida
und das Kurische Haff

TYPISCH

Das Baltikum ist eine Reise wert!

Die baltischen Staaten beeindrucken durch große Vielfalt auf relativ kleinem Raum: Zum Reiseerlebnis gehören alte Gutshöfe und Burgen in unberührter Natur, aber auch vitale Städte wie Vilnius, Rīga und Tallinn mit einer spannenden Kultur- und Ausgehszene.

Der Autor **Jochen Könnecke** lebt in Potsdam, studierte Schauspiel und war an verschiedenen Theatern engagiert. Seit einem längerem Aufenthalt in Russland und Lettland verfasst er auch Reiseführer und Artikel für Reisemagazine, vor allem über Rīga, das zu seiner zweiten Heimat geworden ist. Im Sommer 2014 war er im Rahmen eines Stipendiums des Deutschen Kulturforums östliches Europas Stadtschreiber von Rīga.

Laba diana! Labdien! Tere! Diese Begrüßungsfloskeln werden Sie auf Ihrer Reise durch das Baltikum immer wieder zu hören bekommen. Litauer, Letten und Esten legen großen Wert darauf, dass ihre jeweiligen Heimatländer von Außenstehenden politisch und kulturell als eigenständig wahrgenommen werden. Dennoch gibt es natürlich vieles, was sie miteinander verbindet. Während die Litauer und Letten eng verwandte Sprachen sprechen, blicken die Esten und Letten auf eine gemeinsame Geschichte zurück, die über Jahrhunderte hinweg von

Rathausplatz in Tallinn: Die baltischen Metropolen punkten mit architektonischen Schätzen

und haben in den vergangenen Jahren den Euro eingeführt. Mit dem rasanten politischen und ökonomischen Wandel ging eine Änderung der Mentalität einher: Vor allem junge Leute sind heute davon überzeugt, dass man durch Eigeninitiative etwas verändern kann, und engagieren sich – sei es bei der gemeinschaftlichen Neugestaltung verwahrloster Hinterhöfe oder bei der Nutzung leer stehender Gebäude für Kulturprojekte.

Symbol litauischen Nationalbewusstseins: die Wasserburg Trakai

Deutschen geprägt wurde. Die meisten Deutschbalten haben die Region zwar 1939 verlassen, doch ihre Spuren sind noch vielerorts zu finden, z. B. in der Altstadt von Rīga, der Hauptstadt Lettlands. Dort sind an zahlreichen Häuserfassaden noch deutsche Inschriften zu erkennen.

Auf Deutsch begrüßt mich auch die lettische Mitarbeiterin des Goethe-Instituts in Rīga. Sie kennt mich mittlerweile, denn ich leihe mir in der kleinen, aber feinen Bibliothek des Hauses am Rand der Altstadt regelmäßig Bücher aus oder lese Zeitschriften. Die lettische Hauptstadt ist mir über die Jahre sehr vertraut geworden, seit ich 1999 zum ersten Mal hierher kam. Gleichzeitig hat sich vieles verändert, nicht nur die Häuser in der Altstadt, die inzwischen bis auf wenige Ausnahmen renoviert wurden. Estland, Lettland und Litauen sind seit 2004 Mitglieder der EU und der NATO

Auf dem Land erinnern eindrucksvolle Burgruinen an die Machtkämpfe zwischen Deutschem Orden und baltischen Völkern. In besonders großer Dichte findet man sie rund um Sigulda vor, eine kleine Stadt im Nordosten Lettlands, wo sich in geringer Entfernung voneinander gleich drei Burgen auf den Hügeln am Ufer der Gauja erheben, einem idyllischen Fluss inmitten des Gauja-Nationalparks mit rotsandigen Felsforma-

Rundāle in Lettland, das schönste Barockschloss des Baltikums

Im Hinterland erwartet Reisende ländliches Idyll

den wenigen Ortschaften sieht man kaum Geschäfte, und auf dem Land nur vereinzelt Gehöfte. Den Wert der unberührten Natur mit ihren riesigen Wäldern, zahllosen Seen und unbegradigten Flüssen haben die Menschen im Baltikum längst erkannt. Um diesen Schatz zu bewahren, wurden die Nationalparks und Naturschutzgebiete in den vergangenen Jahrzehnten beständig erweitert. Besonders erlebnisreich ist ein Besuch des Lahemaa-Nationalparks an der schroffen Nordküste Estlands, wo Sümpfe, Felsenwälder und in den Kalkstein geschnittene Flusstäler ideale Lebensbedingungen für Elche, Bären und Luchse bieten. Bohlenwege führen weit ins Moor hinein, vorbei an Aussichtstürmen zur Vogelbeobachtung.

Doch das Baltikum kennt auch genügend Orte, an denen man einfach nur entspannen und das Rauschen des Meeres genießen kann. Am besten geht das in Kurbädern wie Jūrmala bei Rīga oder Pärnu südlich von Tallinn – weißer Sand, der sich bis zum Horizont erstreckt. Unvergessliche Eindrücke beschert ein Ausflug auf die Kurische Nehrung – im kleinen Ort Nida ließ sich einst Thomas Mann ein Sommerhäuschen bauen, das heute Besuchern offen steht. Der schmale Landstreifen mit seinen riesigen Dünen, lichten Kiefernwäldchen und idyllischen Ferienorten ist nur eine von vielen Entdeckungen, die Sie im Baltikum machen werden – ich wünsche Ihnen viel Spaß dabei!

tionen an seinem Ufer. Am liebsten betrachte ich sie von einem gemächlich flussabwärts treibenden Kanu aus.

Auch in Litauen gibt es bedeutende Burgen wie die ehemalige Residenz der Großfürsten in Trakai, während in Estland die gut erhaltene Bischofsburg Kuressaare auf Saaremaa, der größten Insel Estlands, zahlreiche Besucher anlockt. Und wenn man schon einmal im Hinterland der Metropolen unterwegs ist, wäre es doch passend, in einem der Gutshöfe zu übernachten, in denen einst deutschbaltische Adelsfamilien ein beschauliches Landherrenleben pflegten. Viele dieser Anwesen wurden in mühsamer Arbeit von ihren neuen Besitzern wieder hergerichtet.

Fahre ich mit dem Auto von Deutschland ins Baltikum, habe ich spätestens nach dem Grenzübergang von Polen nach Litauen das Gefühl, Zentraleuropa zu verlassen – was ja auch der Fall ist. Es wird deutlich ruhiger, der Verkehr nimmt ab, in

Reisebarometer

Was macht das Baltikum so besonders? Auf weiter Strecke fühlt man sich in der dünn besiedelten Region mit der Natur allein, in den Metropolen entwickelt sich jedoch rasant eine junge Kulturszene, und moderne Bauten beleben die Skyline.

Beeindruckende Architektur
Ordensburgen, Backsteinkirchen und Jugendstilpaläste

Landschaftliche Vielfalt
Dünen, Sandstrände, dichte Wälder und einsame Moore

Kultur und Events
Renommierte Opernbühnen, Musikfestivals von Klassik bis Jazz, Chorwettbewerbe und Sängertreffen

Museen und Besichtigungen
Viele kleine Museen dokumentieren regionale Eigenheiten.

Kulinarisches Angebot
Die Küche spiegelt den Waldreichtum der Region wider.

Shoppingmöglichkeiten
Kunsthandwerk und Souvenirs – die Auswahl ist begrenzt.

Spaß und Abwechslung für Kinder
Die intakte Natur ist ein riesiger Spielplatz.

Ausgehen
Urige Bierkneipen und szenige Klubs in den Metropolen

Outdooraktivitäten
Segeln und Surfen an der Ostsee, Wandern, Reiten und Kanufahren in den Nationalparks

Preis-Leistungs-Verhältnis
Die Preise liegen immer noch leicht unter Westniveau.

● = gut   ● ● ● ● ● ● = übertrifft alle Erwartungen

50 Dinge, die Sie ...

Hier wird entdeckt, probiert, gestaunt, Urlaubserinnerungen werden gesammelt und Fettnäpfe clever umgangen. Diese Tipps machen Lust auf mehr und lassen Sie die ganz typischen Seiten erleben. Viel Spaß dabei!

... erleben sollten

1 Bernstein fischen Fachkundig angeleitet von Igoris Osnač steigen Sie in wasserfestem Ölzeug und mit Käscher ausgerüstet am Strand von Karklė [B8] in die Ostsee und fischen in der Brandung nach Bernstein (Tel. 6502 1337, www.gintalinis.lt).

2 Estnische Sauna Im Tallinner Stadtteil Kalamaja mit seine hübschen Holzhäusern verbirgt sich hinter einer Art-déco-Fassade die Kalma Saun [a1], die älteste und einzige noch mit Holz beheizte Sauna der Stadt (Vana-Kalamaja 9a, Tel. 627 1811, www.kalmasaun.ee).

3 Litera-Tour Bei seinen literarischen Stadtspaziergängen durch die Altstadt von Rīga kommentiert der Übersetzer Matthias Knoll mit Texten lettischer Autoren, was unterwegs zu sehen ist (Tel. 2950 6719, www.literatur.lv).

4 Moorschuhwandern Schneeschuhähnliches Schuhwerk sorgt für trockene Füße, während man über die sumpfigen Böden im Lahemaa-Nationalpark › S. 137 wandert und den Geheimnissen dieses besonderen Ökosystems nachspürt (Tel. 513 7141, www.360.ee).

5 Bobfahren für Anfänger Auf der Rennrodelbahn in Sigulda › S. 111, wo sonst die lettische Nationalmannschaft trainiert, können Sie unter der Führung eines erfahrenen Bobpiloten mit 110 km/h durch 16 Kurven rauschen (Šveices 13, www.bobtrase.lv, 10 €).

6 Fahrt im Kurenkahn Nur Möwengeschrei stört die Ruhe, während man von Nida › S. 83 aus gemächlich über das Kurische Haff schippert und die eindrucksvolle Dünenlandschaft der Nehrung auf sich wirken lässt (Tel. 6866 5242).

7 Extrem-Schaukeln Kiiking, so nennt sich ein estnischer Funsport, bei dem man sich, an Händen und Füßen gesichert, auf riesigen Schaukeln stehend überschlägt. Selbst probieren kann man das auf dem Jõekääru-Campingplatz [D4] bei Pärnu (Tel. 443 0034, www.joekaaru.ee).

8 Mittsommernacht Lodernde Feuer, Tanz und Gesang – die Sommersonnenwende wird überall im Baltikum ausgelassen gefeiert, besonders stimmungsvoll an der Seebrücke in Palanga › S. 78. Einfach unters Volk mischen und auf keinen Fall vor Sonnenaufgang schlafen gehen – das bringt Unglück!

Schwankende Böden und schaurige Geschichten machen eine Moorwanderung zum Erlebnis

(9) Strandeinsamkeit Nördlich von Jūrkalne [B6] erstreckt sich einer der schönsten Küstenabschnitte Lettlands. Hier kann man kilometerlange Strandspaziergänge unternehmen, Treibholz sammeln und in der noch wilden Ostsee baden – ohne einem einzigen Menschen zu begegnen.

(10) Überwältigende Akustik Musik aus 6718 Pfeifen und mit einem Klangspektrum über neuneinhalb Oktaven ertönt bei Konzerten auf der Walcker-Orgel im Rīgaer Dom › S. 92. Ebenso grandios wie der Klang ist das Raumerlebnis in der dreischiffigen Hallenkirche.

... probieren sollten

(11) Saure Gurken Und zwar in Litauens Gurkenhauptstadt Kėdainiai [D8] und anlässlich des Gurkenfests im Juli. Das im Baltikum allseits beliebte Krummgemüse wird hier sogar zu Marmelade und Schnaps verarbeitet (www.kedainiai.lt).

(12) Estnisches Schwarzbrot Die Esten haben eine Schwäche für Schwarzbrot, dem häufig Malz oder Kümmel zugefügt wird – mit Dillbutter bestrichen eine Köstlichkeit! Man bekommt es in Bäckereien oder abgepackt in Supermärkten, z. B. bei Stockmann [c4] in Tallinn (Liivalaia 53, www.stockmann.ee).

(13) Lettisches Bier Wie gut ein »Tērvetes« oder »Brenguļu« mundet, testet man am besten im kleinen Lokal Alus Krodziņš in Jūrmala › S. 103. Bestellen Sie dazu frischen Fisch oder Schaschlik, ein Strandspaziergang bei Sonnenuntergang rundet den Abend ab (Jomas 64a, Majori, Tel. 6776 4456).

(14) Tannenbaum aus Teig Litauischer Baumkuchen, *šakotis,* sieht mit seinen Teigstacheln tatsächlich aus wie ein Nadelbaum. Im Bäckerei-Restaurant Romnesa bei Ignalina [F8] kann man bei der Herstellung des Kuchens zusehen und ihn anschließend kosten (Strigailiškis, www.romnesa.lt/ignalina).

Wie die Spitze eines Eisbergs ragt die Rīgaer Nationalbibliothek in den Himmel

In einem riesigen Blockhaus kann man sich am opulenten Büfett durch die lettische Küche probieren, dazu gibt's hausgebrautes Bier und Volksmusik vom Band.

(19) Elchfleisch Wer Wild mag, sollte auch einmal Elchfleisch probieren. Im mittelalterlichen Erlebnisrestaurant Olde Hansa › **S. 124** in Tallinn wird es getrocknet als Vorspeise serviert, aber auch als Gulasch oder Braten.

(20) Geräucherte Maräne gilt in Estland als Delikatesse. Bei fantastischem Meerblick genießt man sie im Restaurant Ruhe [E2], etwa 30 Autominuten von Tallinn entfernt im ehemaligen Fischerdorf Jõelähtme gelegen (Sadama tee 10, Neeme küla, Tel. 5627 9007, www.ruhe.ee).

(15) Kama Das grobe Mehl aus Hafer, Roggen, Gerste, Erbsen und Bohnen ist in Estland Bestandteil vieler Gerichte. Im Kamamaja Kohvik in Tallinn wird es zu Blinis verarbeitet oder mit Kefir zu einem erfrischenden Getränk angerührt (Kopli 25, Tel. 677 5262, http://kamamaja.net).

(16) Cepelinai Die wie kleine Luftschiffe geformten, unterschiedlich gefüllten Kartoffelklöße gehören in Litauen zu den Nationalgerichten. Besonders lecker sind sie bei Bambalinė [b3] in Vilnius. Dazu passt das hauseigene dunkle Bier (Stikliu 4, Tel. 5260 9087, www.bambalyne.lt).

(17) Karums Den von Schokolade umhüllten Quarkriegel findet man in Lettland im Kühlregal von Supermärkten – neuerdings auch mit Fruchtfüllung oder Toffeestückchen. Am besten schmeckt er aber pur.

(18) Fast Food auf Lettisch Als eine Mischung aus lettischem Landhaus und Disneyland präsentiert sich das Lido Atputas Centrs bei Riga › **S. 97**.

... bestaunen sollten

(21) Turmparade Von Tallinns mittelalterlicher Stadtbefestigung sind immerhin noch 20 Türme und ein fast 2 km langer Mauerabschnitt erhalten – vom Domberg › **S. 121** hat man einen schönen Blick auf das imponierende Ensemble.

(22) Lichtschloss Die neue Lettische Nationalbibliothek im Rīgaer Stadtteil Āgenskalns gleicht einem am Daugava-Ufer gestrandeten Eisberg. Je nach Lichteinfall schimmert die transluzente Stahl-Glas-Konstruktion in wechselnden Grautönen (Mūkusalas 3, www.lnb.lv).

(23) Dreihändiger Heiliger In der Kasimirkapelle der Kathedrale von Vilnius › **S. 60** stellt ein Altarbild den Heiligen mit drei Händen dar. Alle Versuche, die dritte Hand zu übermalen, scheiterten: Sie kommt immer wieder zum Vorschein, Sinnbild für großzügig erteilte Gnadengaben.

(24) U-Boot an Land Das 1936 gebaute U-Boot »Lembit« ist das Glanzstück des Tallinner Meeresmuseums › **S. 121** in den riesigen Hangars des ehemaligen Wasserflughafens. Im Simulator kann man damit taktische Manöver in der Tallinner Bucht ausführen.

(25) Ruhe-Muschel Der wohl ungewöhnlichste Raum im Barockschloss Rundāle › **S. 109** ist das Boudoir der Herzogin: Der Bildhauer Johann Michael Graff schuf hier eine Diwan-Nische in Form einer riesigen Muschel.

(26) Sinfonie in Rot Das schönste Sonnenuntergangsspektakel im gesamten Baltikum bietet die Seebrücke in Palanga › **S. 78**. Von dem 600 m ins Meer ragenden Steg aus sieht man die Sonne rot glühend in der Ostsee versinken.

(27) Talking Heads Im Tallinner KUMU › **S. 121** stehen 86 Büsten bekannter und unbekannter Bürger auf gläsernen Säulen einträchtig nebeneinander, während ihre Stimmen von den Wänden schallen –Villu Janisoos Installation »Seagull« beschwört eindrücklich die komplexe Vergangenheit des Landes.

(28) Blumenmeer Ohne Blumen geht in Lettland nichts. Entsprechend hat der Rīgaer Blumenmarkt [c2] bis Mitternacht geöffnet. Je nach Saison verströmen hier Tulpen, Rosen oder Astern ihren Duft, nach Farben in Vasen angeordnet (Terbatas iela).

(29) Dichtertreffen Auf einer Bank vor dem Café Vilde in Tartu › **S. 144** sitzen ins Gespräch vertieft Bronzefiguren des britischen Schriftstellers Oscar Wilde und des estnischen Autors Eduard Vilde. Sicher hätten die Namensvettern sich einiges zu erzählen gehabt …

(30) Schwimmende Galerie Eine ungewöhnliche Plattform für zeitgenössische Kunst bildet die Galerie NOASS [a3], ein Ponton, der in Rīga am Daugava-Ufer vertäut ist (AB dambis 2, www.noass.lv).

… mit nach Hause nehmen sollten

(31) Nordische Naturkosmetik Das Unternehmen Mádara stellt Kosmetika mit baltischen Rohstoffen aus biologischem Anbau her. Verkaufsschlager ist die Anti-Aging-Creme mit Labkraut *(mádara)*, das dem Label den Namen gab (Pienene [b3], Kungu 7/9, www.studijapienene.lv).

(32) Getrocknete Pilze, am besten selbstgesammelte. Geführte Exkursionen zu vielversprechenden Fundstellen organisiert das Informationszentrum des Dzukija-Nationalparks › **S. 77** in Litauen.

33) Bittersüße Schokolade Köstlichen heißen Kakao, aber auch feinste handgefertigte Trüffel und Schokoladen gibt es in den Cafés von Emils Gustavs › **S. 97**. Eine Offenbarung ist die Vollmilchschokolade mit Lakritz und Himbeeren.

34) Mustermix Die Textildesignerin Liina Viira [b2] kombinierte alte estnische Strickmuster neu und fertigt daraus modische Kleidungsstücke, in denen man mühelos dem kältesten Winter trotzt (Müürivahe 36, Tallinn, www.liinaviira.com).

35) Litauischer Bitter »Trejos Devynerios« bedeutet drei mal neun – der in Litauen als Allheilmittel geltende Kräuterschnaps wird aus 27 Kräutern hergestellt. Man bekommt ihn in jedem Supermarkt.

36) ZoFa nennt sich das erste baltische Designerlabel für Schuhe. Die Lettin Elina Dobele [c1] bezeichnet ihre Entwürfe, von denen jeweils nur wenige Paare hergestellt werden, als »kleine Häuser für Füße« (Antonijas 22, Rīga, www.zofa.lv).

37) Webkunst Aus baltischem Flachs handgewebtes Leinen verarbeitet Ars Tela [b2] zu ungewöhnlichen Kleidungsstücken und Accessoires – die Schals sind ebenso originell strukturiert wie angenehm auf der Haut (Smilšu 18, Rīga, www.arstela.lv).

38) Belle-Époque-Flair Repliken von Stuck- und Keramikverzierungen an Rīgaer Jugendstilhäusern bekommt man bei Art Nouveau [b1] – die Fliesen geben stilvolle Untersetzer ab (Strelnieku 9, Riga, www.artnouveau.lv).

39) Essbare Bernsteine aus Moosbeere, Sanddorn und Quitte, mit Einschlüssen aus Cranberries, produziert Saldais Dzintars – jedes Stück ist ein Unikat. In Rīga bekommt man sie z. B. im Tea & Coffee Garden [b3] gegenüber dem Schwarzhäupterhaus (Grēcinieku 28).

40) Meeresduft Im Dörfchen Kaarma auf der Insel Saaremaa stellt GoodKaarma [C4] Seifen aus lokalen Ingredienzien wie Wacholder und Meerschlamm her. Bei Workshops kann man auch selbst das Seifensieden probieren (Kuke küla, Kaarma vald, http://goodkaarma.ee).

... bleiben lassen sollten

41) Blumen vergessen Überreichen Sie bei einer privaten Einladung dem Gastgeber auf jeden Fall Blumen. Es zeugt von schlechter Kinderstube, mit leeren Händen zu kommen. Ihre Zahl sollte jedoch niemals gerade sein – das ist nur bei Beerdigungen üblich.

42) Alkoholkonsum in der Öffentlichkeit Wer dabei erwischt wird, muss Bußgeld zahlen. Einzige Ausnahme sind Straßenlokale – und der Pirogov-Park in Tartu. Hier haben die Studenten in langjähriger Auseinandersetzung mit den Behörden eine Ausnahmeregelung erkämpft.

Jugendstilhäuser wie dieses liefern die Vorlagen für die Souvenirs bei Art Nouveau in Rīga

43 Russisch sprechen Die Balten haben eine schwierige Beziehung zum Russischen, denn mit der sowjetischen Besatzung wurde es zur ersten Staatssprache. Sprechen Sie die Menschen lieber zuerst auf Englisch an, wenn Sie die Landessprache nicht beherrschen.

44 Nacktbaden am falschen Strand, vor allem im katholischen Litauen. FKK ist dort für Männer nur am *vyrų pliažas,* für Frauen nur am *moterų pliažas* erlaubt. Am gemischten Strand, dem *bendras pliažas,* ist Nackbaden verboten.

45 In Estland Bernstein suchen Warum? Es gibt ihn dort so gut wie gar nicht. Die größten Bernsteinvorkommen haben Litauen und Lettland, die besten Fundstellen liegen an der Westküste.

46 Matrjoschkas kaufen Die bunt bemalten Schachtelpüppchen sind zwar hübsch, aber typisch russisch und haben mit der baltischen Kultur nichts zu tun.

47 Drinks spendieren Jedenfalls nicht gutaussehenden, kontaktfreudigen jungen Frauen. Die Konsumdamen – ja, so heißen sie wirklich – haben Absprachen mit dem Lokal der Wahl und der kleine Flirt kann sich als teurer Spaß erweisen.

48 Küsschen auf die Wange Nein, die Balten sind nicht kaltherzig, im Gegenteil. Doch wenn man sich kaum kennt, gibt man kein Küsschen, sondern schüttelt sich zur Begrüßung die Hände.

49 Zu spät kommen Dieses Laster gilt als typisch russisch. Die meisten Menschen im Baltikum bemühen sich um Pünktlichkeit und sehen es gar nicht gerne, wenn sie bei einer Verabredung länger auf den anderen warten müssen.

50 Mückenschutz vergessen Das Baltikum hat Natur im Überfluss – leider auch die kleinen Plagegeister. Da hilft nur eins: gründlich mit Insektenschutzmittel einsprühen und möglichst wenig Haut zeigen.

Die ganze Welt
von POLYGLOTT

Mit POLYGLOTT ganz entspannt auf Reisen gehen. Denn bei über 150 Zielen ist der richtige Begleiter sicher dabei. Unter www.polyglott.de finden Sie alle POLYGLOTT Reiseführer und können ganz einfach direkt bestellen. GUTE REISE!

Meine Reise, meine APP!

Ob neues Lieblingsrestaurant, der kleine Traumstrand, die nette Boutique oder ein besonderes Erlebnis: Die kostenfreie App von POLYGLOTT ist Ihre persönliche Reise-App. Damit halten Sie Ihre ganz individuellen Entdeckungen mit Fotos und Adresse fest, verorten sie in einer Karte, machen Anmerkungen und können sie mit anderen teilen. So wird Ihre Reise unvergesslich.

Mehr zur App unter www.polyglott.de/meineapp und mit dem QR-Code direkt auf die Seite gelangen

Geführte Tour gefällig?

Wie wäre es mit einer spannenden Stadtrundfahrt, einer auf Ihre Wünsche abgestimmten Führung, Tickets für Sehenswürdigkeiten ohne Warteschlange oder einem Flughafentransfer? Buchen Sie auf **www.polyglott.de/tourbuchung** mit rent-a-guide bei einem der deutschsprachigen Guides und Anbieter weltweit vor Ort.

Clever buchen, Geld sparen mit Gutscheinaktion unter www.polyglott.de/tourbuchung

Die Gutscheinaktion läuft mind. bis 01.07.2016. Veranstalter der Aktion: rent-a-guide GmbH

www.polyglott.de

Was steckt dahinter?

Die kleinen Geheimnisse sind oftmals die spannendsten. Wir erzählen die Geschichten hinter den Kulissen und lüften für Sie den Vorhang.

Wieso ziehen Letten im Winter einen Balken hinter sich her?

Das Balkenziehen ist ein lettischer Brauch, mit dem die Wintersonnenwende am 21. Dezember gefeiert wird. Dann laufen maskierte Personen von Haus zu Haus, einen Eichenbalken hinter sich herziehend. Dabei sammeln sie das Unglück und die Sorgen, die schlechten Taten und Gedanken des vergangenen Jahres ein. Am Zielort angekommen, werden Balken und Böses in einem großen Feuer verbrannt, an dem man sich natürlich auch nur die Hände wärmen oder einen heißen Tee trinken kann. Es werden Lieder gesungen, Geschichten erzählt und Spiele gespielt. Das Balkenziehen findet u. a. auch im Ethnografischen Freilichtmuseum bei Rīga › **S. 94** statt.

Was bedeutet die Wunderplatte auf dem Kathedralenplatz?

In Vilnius ist direkt neben dem Glockenturm › **S. 61** eine Platte in den Boden eingelassen, auf der in großen Buchstaben *stebuklas* steht – das litauische Wort für Wunder. Unterhalb der Platte sind Fußabdrücke zu sehen. Das Werk des Künstlers Gitenis Umbrasas markiert das südliche Ende der etwa 600 km langen Menschenkette von Vilnius über Rīga nach Tallinn, mit der Hunderttausende Litauer, Letten und Esten 1989 erfolgreich für ihre Unabhängigkeit demonstrierten. Weil er an ein bereits geschehenes Wunder erinnert, ist der Pflasterstein heute ein Symbol der Hoffnung. Wenn Sie einen Wunsch für die Zukunft haben, sollten Sie sich auf die Platte stellen, an Ihren Wunsch denken und sich dabei dreimal im Uhrzeigersinn um sich selbst drehen – dadurch steigen die Chancen beträchtlich, dass auch Ihr Traum eines Tages wahr wird.

Warum tragen die Esten in der Sauna Mützen?

Wer eine Sauna besucht, zieht in der Regel so wenig an wie möglich. In Estland tragen jedoch viele Saunabesucher eine Mütze oder einen Hut. Ist es nicht schon warm genug? Doch, natürlich. Aber gerade vor der nach Aufgüssen entstehenden, extremen Hitze soll die Kopfbedeckung schützen, die meist aus Wollfilz und Leinen besteht. Darüber hinaus schützt der Hut auch vor Unterkühlung, wenn man sich unmittelbar nach dem Saunagang ins Freie begibt und sich im Schnee wälzt, was die Esten lieben. Auf manchen Saunaneuling befremdlich wirken mag auch das Schlagen des Rückens mit Birkenzweigen – es fördert noch zusätzlich die Durchblutung und sorgt für ein angenehmes Prickeln auf der Haut.

Von jeher Sitz der Macht in Estland:
der Tallinner Domberg

REISE-
PLANUNG &
ADRESSEN

Die Reiseregion im Überblick

Nachdem sich die drei baltischen Republiken seit der Wende rasant nach Westen orientiert hatten, gehören sie seit 2004 auch ganz offiziell zur EU. Mit der Wirtschaft hat sich der Tourismus entwickelt: Hotels in allen Kategorien sind reichlich vorhanden, Straßen und öffentlicher Personenverkehr wurden ausgebaut.

Bei aller Aufbruchsstimmung hat man aber auf Nachhaltigkeit geachtet: Prächtige Barockschlösser, Ordensburgen und alte deutschbaltische Herrensitze liegen in fast unberührter Natur. Große Teile der Landschaft stehen in Nationalparks unter Schutz; erkunden kann man sie zu Fuß, zu Pferd, im Kanu oder per Rad. Traditionsreiche Kurorte erleben eine Renaissance und bieten Wellness auf westlichem Niveau zu moderaten Preisen. Aber auch Kulturinteressierte werden in den jahrzehntelang hinter dem Eisernen Vorhang verborgenen Ländern viele Entdeckungen machen: Die liebevoll restaurierten Hauptstädte prunken mit architektonischen Schätzen von der Backsteingotik bis zum Jugendstil; die Begeisterung der Menschen für Kunst und Musik schlägt sich in einer Vielzahl von Museen und Galerien, prachtvollen Opernhäusern und Festivals nieder.

Neben ländlichem Idyll bietet das Baltikum auch moderne Urbanität

Dass alle drei Länder kulturell und landschaftlich sehr unterschiedlich sind, macht das Baltikum zu einem um so spannenderen Reiseziel. **Litauen** spielte im Mittelalter die Rolle einer europäischen Großmacht und konnte seine nationale Eigenständigkeit länger als Lettland und Estland bewahren. Seit dem Zusammenschluss mit Polen im Jahr 1386 ist es katholisch. Der südlichste Baltenstaat hat zwar die kürzeste Küste, dafür aber eine spektakuläre: Neben dem lebhaften Seebad Palanga und der geschichtsträchtigen Hafenstadt Klaipėda besitzt Litauen mit der Kurischen Nehrung eine einzigartige, geschützte Naturlandschaft: eine 98 km lange Landzunge, von der rund die Hälfte zu Litauen gehört und die mit Kiefernwäldern, hohen Dünen und idyllischen Fischerdörfern wie aus der Zeit gefallen wirkt. Historische Stätten wie Litauens alte Hauptstadt Kėrnave, die traditionsreiche Universitätsstadt Kaunas und natürlich die heutige Hauptstadt **Vilnius,** ein Juwel des Barock mit unzähligen Kirchen, machen Litauen zu einem facettenreichen Reiseziel.

Das heutige **Lettland** und Estland wurde im 13. Jh. von deutschen Kreuzrittern erobert, im 16. Jh. geriet das Gebiet unter schwedische Herrschaft und erhielt die Reformation quasi als Dreingabe. Beide Länder sind seither protestantisch. Lettlands Hauptstadt **Rīga** ist die größte Stadt des Baltikums – und mit schwelgerischen Jugendstilensembles, der lebendigen Kaffeehausszene und dem Flair einer Großstadt auch eine der schönsten. Landschaftlich zeichnet sich der mittlere der drei Baltenstaaten durch große Vielfalt aus: 500 km Ostseeküste, gesäumt von feinsandigem weißem Strand, mehr als 3000 Seen und geschützte Naturlandschaften wie der Gauja-Nationalpark machen Lettland auch zu einem Ziel für Erholungssuchende und Naturliebhaber.

Estland, der kleinste baltische Staat, boomt wirtschaftlich und liegt in der Informationstechnologie ganz weit vorn. Die Hauptstadt **Tallinn,** die als Relikt der Hansezeit eines der am besten erhaltenen mittelalterlichen Stadtzentren Europas besitzt, verbindet historisches Flair auf besonders eindrucksvolle Weise mit den Errungenschaften des 21. Jhs. Lässt man die Grenzen der Hauptstadt hinter sich, erlebt man traumhafte, noch weitgehend urwüchsige Landschaften, die mit ihren tiefen Wäldern und ausgedehnten Moorgebieten an den Süden Skandinaviens erinnern. Auch die Weißen Nächte im Sommer lassen schon den hohen Norden erahnen. Der Lahemaa-Nationalpark im Norden mit seiner zerklüfteten Küste, den riesigen Findlingen und den alten deutschbaltischen Gutshöfen sowie die Inselwelt vor der Westküste Estlands und der schöne Badeort Pärnu gehören zu den Highlights jeder Baltikum-Reise.

Daran gedacht?

Einfach abhaken und entspannt abreisen

- [ ] Reisepass / Personalausweis
- [ ] Flug- / Bahntickets
- [ ] Kreditkarte
- [ ] Ladegeräte und Netzkabel für Handy, Kamera, Tablet
- [ ] Leichte Trekkingschuhe
- [ ] Regenbekleidung
- [ ] Mücken- und Zeckenschutzmittel
- [ ] Benötigte Medikamente in ausreichender Menge mitnehmen
- [ ] Sitter für Haustiere und Pflanzen beauftragen
- [ ] Zeitungsabo umleiten bzw. abbestellen
- [ ] Leeren des Briefkasten organisieren
- [ ] Wasserhaupthahn abdrehen
- [ ] Fenster schließen

Klima & Reisezeit

Im Baltikum treffen kontinentale und maritime Klimaeinflüsse zusammen: Man muss sich auf plötzliche Wetterwechsel gefasst machen. Im Sommer kann es sehr warm werden (20–30 °C), Regenkleidung und ein dickerer Pullover gehören dennoch unbedingt ins Gepäck.

Die Übergangsjahreszeiten sind kurz und mild, die Winter (Okt.–April) lang, schneereich und vor allem im Binnenland oft sehr kalt: Bis auf –25 °C kann das Thermometer sinken. In Estland ist der Einfluss polarer Luftmassen stärker, was etwas niedrigere Durchschnittstemperaturen als im übrigen Baltikum mit sich bringt.

Die beste Reisezeit sind die Monate Mai bis September. Zwar genießen von Juni bis August auch die Einheimischen ihre langen Sommerferien, doch selbst in der Hauptsaison sind weder die Strände noch die Nationalparks überlaufen. Ein eindrucksvolles Naturschauspiel bieten die weißen Dämmernächte des Juni. In Estland verschwindet die Sonne dann nur für kurze Zeit. Ihr Höhepunkt ist die Sommersonnenwende, die im gesamten Baltikum groß gefeiert wird – und zwar auf dem Land, weshalb Unterkünfte dort in der Nacht zum Johannistag (24. Juni) mindestens vier Wochen vorausgebucht werden sollten.

Von Anfang September bis Mitte Oktober lässt der Herbst die Wälder rotgolden erstrahlen, Flüge und Hotels sind deutlich günstiger. Im Winter laden die baltischen Hauptstädte zu Kurztrips ein: Ein Frostrand steht Tallinn, Vilnius und Rīga gleichermaßen gut, es gibt genügend Museen und Cafés zum Aufwärmen, und die Hauptstädte begegnen Kälte und Dunkelheit mit einem umfangreichen Kulturprogramm.

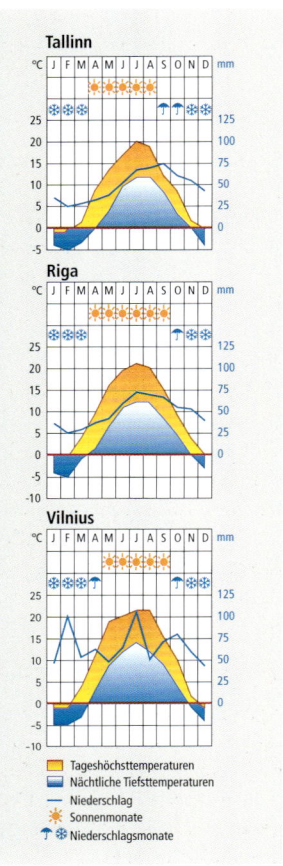

Anreise

Mit dem Flugzeug

Lufthansa (www.lufthansa.com) bietet tägliche Verbindungen von Frankfurt/Main nach Vilnius, Rīga und Tallinn sowie von München nach Tallinn. Estonian Air (www.estonian-air.ee) fliegt mehrmals wöchentlich von München, Frankfurt/Main, Hamburg und Berlin nach Tallinn. Air Baltic (www.airbaltic.com) verbindet Rīga (Zubringer von Tallinn) mit Berlin, Hamburg, München, Hannover und Düsseldorf, Vilnius mit Berlin (über Rīga), Hamburg und München. Vermehrt gibt es Angebote von Billigfluglinien, allerdings ist in den Flugplänen viel Bewegung. Ryanair (www.ryanair.com) unterhält Verbindungen von Bremen, Düsseldorf-Weeze, Köln und Frankfurt-Hahn nach Rīga, von Bremen und Düsseldorf-Weeze nach Tallinn und von Bremen nach Vilnius. Wizz Air (https://wizzair.com) fliegt von Dortmund und Hamburg-Lübeck nach Rīga sowie von Dortmund nach Vilnius.

Mit der Fähre

Fähren von DFDS Seaways (www.dfdsseaways.de) verkehren zwischen Kiel und Klaipėda (21 Std.), die Verbindung zwischen Sassnitz und Klaipėda wurde 2013 eingestellt. Stena Line (www.stenaline.de) fährt von Travemünde nach Liepāja (26 Std.) bzw. nach Ventspils (29 Std.). Außerdem gibt es Verbindungen mit Finnlines (www.finnlines.com) zwischen Travemünde und Helsinki (ca. 29 Std.), von dort regelmäßig Fährverkehr mit Tallinn.

Mit Bahn und Bus

Von Berlin-Lichtenberg aus gibt es täglich mehrere Bahnverbindungen über Warschau nach Vilnius (21 Std.; Fahrplan und Reservierung unter www.bahn.de). Von dort schafft die Bahn es in 5,5 Std. nach Rīga; allerdings fährt sie nicht täglich. Zwischen Rīga und Tallinn besteht keine Zugverbindung; hier muss man auf das gut ausgebaute Busnetz zurückgreifen.

Mehrmals wöchentlich bestehen Busverbindungen von verschiedenen deutschen Städten nach Vilnius, Kaunas, Rīga, Pärnu und Tallinn, buchbar z. B. über Eurolines/Deutsche Touring (www.eurolines.de) und Ecolines (http://ecolines.net).

Mit dem Auto

Es gibt zwei Grenzübergänge zwischen Polen und Litauen: Kalvarija und Lazdijai. Die Route über Lazdijai ist landschaftlich schöner und zudem für den Schwerverkehr gesperrt. Von Litauen aus erreicht man Lettland über Medumi, Subate, Grenctāle, Meitene, Ezere, Plūdoni oder Rucava. Die Grenze zwischen Lettland und Estland kann in Ainaži, Valka und Veclaiciene passiert werden.

Reisen im Baltikum

Mit dem Auto

Hauptverkehrsstraßen wie die Via Baltica sind gut ausgebaut; Nebenstraßen enden allerdings häufig in unbefestigten Schotterpisten. Das Tankstellennetz ist dicht; Benzin kostet inzwischen fast so viel wie in Deutschland.

In größeren Städten und an den Flughäfen kann man Autos mieten; die Leihgebühren sind jedoch oft etwas höher als in Westeuropa. Eine Grüne Versicherungskarte ist nicht mehr obligatorisch, bei Unfällen aber hilfreich. In allen drei Ländern fährt man auch tagsüber mit Abblendlicht. In Estland und Lettland sind vom 1. Dezember bis 1. März Winterreifen Pflicht, in Litauen vom 1. November bis 1. April. Das Telefonieren ist nur mit Freisprechanlage erlaubt und es besteht Anschnallpflicht. Die Promillegrenze liegt in Litauen bei 0,4, in Lettland bei 0,5, in Estland bei 0,2.

Mit Bahn und Bus

An das Bahnnetz sind im Baltikum nur die größeren Städte angeschlossen; die Verbindungen zwischen den Ländern sind schlecht oder nicht existent. Busse verkehren hingegen mindestens einmal täglich in jedes noch so entlegene Dorf (Fahrpläne und Ticketreservierung unter www.tpilet.ee, www.autoosta.lv und www.toks.lt).

Mit dem Schiff

Alle größeren estnischen Inseln werden in relativ kurzen Abständen von Autofähren angesteuert (www.tuulelaevad.ee). Die Fähre von Klaipėda zur Kurischen Nehrung verkehrt etwa halbstündlich (www.keltas.lt).

Sport & Aktivitäten

Die Möglichkeiten für Outdooraktivitäten sind in den dünn besiedelten baltischen Ländern mit ihrer noch weitgehend intakten Natur äußerst vielfältig, allerdings lässt die Infrastruktur häufig noch zu wünschen übrig und man muss viel selbst organisieren.

Radfahren

Das überwiegend flache Baltikum bietet sich für Radtouren geradezu an. Allerdings mangelt es noch an verlässlichen Radwanderkarten und ausgeschilderten Wegen – Ausnahmen bilden die Kurische Nehrung, der neue 200 km lange Küstenradweg in Litauen sowie in Estland die Umgebung von Pärnu und Tartu. Radler müssen häufig auf Landstraßen ausweichen, auf denen aber in der Regel nur wenig Verkehr herrscht. Räder verleihen die Informationszentren der Nationalparks sowie einige Hotels.

Fast alle Fluggesellschaften nehmen Räder gegen Aufpreis mit. Im Reiseland kann man Räder in Zügen und auf Fähren problemlos mitführen; in Bussen ist dies offiziell nicht möglich.

Der Verband **BaltiCCycle** (www. balticcycle.eu) hält Routenvorschläge und Karten für die individuelle Tourenplanung bereit. Regionale Radlerkarten bekommt man vor Ort in größeren Buchhandlungen und bei den nationalen Radsportverbänden. In Estland helfen die »Eesti Jalgrattakaart« (E. O. Map, Tallinn) und der »Travel Guide for Cyclists« (Regio Verlag, Tallinn) weiter, in Lettland die »Latvijas Velomarsrutu«-Karte (Baltic Cycle). Litauens erste Radlerkarte heißt »Lietuvos ir Kaliningrado srities dviračių trasų žemėlapis« (Baltic Cycle). Experten in den einzelnen Ländern sind:

City Bike [b2]
- Uus 33 | 10111 Tallinn
  Tel. 511 1819
  www.citybike.ee

Riga Bike Tours [b3]
- Riharda Vāgnera 14 | 1050 Rīga
  Tel. 2822 5773
  www.rigabiketours.com

Velo-City Vilnius [a2]
- Palangos 1/Pylimo 10 | 01117 Vilnius
  Tel. 6741 2123
  www.velovilnius.lt

Flaches Land – ideal zum Radeln

Wandern

Wer sich Landschaften am liebsten erläuft, hat in der herrlichen Natur des Baltikums reichlich Gelegenheit dazu. Überregionale Wanderrouten existieren bislang nicht, die Nationalparks sind jedoch gut erschlossene Wandergebiete mit markierten Wegen, die sich für kurze Ausflüge oder Tagestouren anbieten › **Special S. 42**. Insbesondere in Estland wurden in vielen Hochmooren Holzbohlenwege angelegt, auf denen man diese faszinierenden Biotope trockenen Fußes erkunden kann. Ein neuer Trend ist das Moorschuhwandern › **S. 12**.

Wassersport

Unzählige Wasserläufe und Seen kennzeichnen die Landschaft im Baltikum. Tret- und Ruderboote kann man im Sommer fast überall preiswert leihen. Organisierte Wildwasserfahrten mit dem Kanu werden in den Nationalparks, insbesondere im lettischen Gauja-Nationalpark › S. 43 angeboten. Die estnischen Küstengewässer sowie die Inseln Saaremaa und Hiumaa eignen sich hervorragend für Seekajaktouren. Allgemeine Infos und Adressen von Anbietern findet man auf den Webseiten der nationalen Fremdenverkehrsämter › S. 152.

Windsurfen ist im Kommen und konzentriert sich derzeit vor allem auf die Tourismushochburgen an der Küste. Ein beliebter Treffpunkt ist das ehemalige Olympiazentrum im Tallinner Vorort Pirita – zugleich Ausgangsbasis für Segeltörns in die estnische Inselwelt. Weitere Segelsportzentren sind die Kurische Nehrung, Rīga und Jūrmala. Litauen besitzt Jachtklubs in Klaipėda und Nida (www.lbs.lt/en), die estnischen Jachthäfen sind unter www.sadamaregister.ee aufgeführt. Die Webseiten www.marinaslatvia.lv und www.seaclub.lv informieren über lettische Marinas.

Angeln

In den meisten lettischen Flüssen und öffentlichen Seen darf jeder seine Rute auswerfen; für Privatseen braucht man die Erlaubnis des Besitzers. Vorgeschrieben ist eine Angelkarte, die etwa 5 € kostet und in Angel- und Jagdgeschäften sowie Postämtern erhältlich ist. Auch in Litauen ist eine Genehmigung erforderlich; man erhält sie bei der Fischereibehörde in Vilnius (Juozapaviciaus 9, Tel. 5272 3786) oder bei der nächstgelegenen Niederlassung des Jäger- und Fischerverbands. In Estland ist das Angeln mit Schnur und Haken ohne Genehmigung erlaubt. Wer einen Spinner benutzt, muss einen Angelschein beantragen. Informationen über Angelgründe in Lettland unter www.latvia.travel.lv, in Litauen unter www.flyfishing.lt und in Estland unter www.visitestonia.com.

Vogelbeobachtung

Die große Artenvielfalt lockt zahlreiche Vogelliebhaber. Estland hält derzeit den europäischen Rekord – an einem einzigen Tag wurden hier 190 verschiedene Spezies gesichtet. Die Inseln Saaremaa und Hiiumaa sowie die Matsalu-Bucht sind Rastgebiete Hunderttausender Zugvögel. Unterkünfte, die Vogelbeobachtung anbieten, findet man unter www.maaturism.ee/de/eesti/Aktiv-Urlaub/Vogelbeobachtung. Reisen zur Vogelbeobachtung in Estland organisieren die Veranstalter Mare Baltikum Reisen › S. 33 und birdingtours (Franz-Hess-Str. 2, 79282 Ballrechten, Tel. 07634/504 98 45, www.birdingtours.de).

Reiten

Es gibt eine Vielzahl von Reiterhöfen, die geführte Touren organisieren. Auch die Nationalparks führen Reitwanderungen durch › S. 43. Immer häufiger im Angebot sind Reiterferien auf dem Bauernhof – das Programm reicht von Reitunterricht über Ausritte zu mehrtägigen Touren. Adressen bekommt man u. a. bei den Verbänden für Urlaub auf dem Land (www.atostogoskaime.lt, www.celotajs.lv und www.maaturism.ee).

SPECIAL

Unterwegs mit Kindern

Für Familien mit Kindern bieten sich an den langen, meist flach abfallenden Sandstränden und in den Nationalparks des Baltikums zahlreiche Möglichkeiten für Aktivurlaub › S. 26, 42.

Wasserparks

Badegelegenheiten im Freien gibt es im Baltikum nicht nur am Meer, sondern auch in den zahlreichen Seen. Wenn das Wetter einmal nicht mitspielt, sorgen Wasserparks mit Rutschen, Wellenbecken und Strömungskanälen für Action und Spaß.

- **Līvu Akvaparks** [D6]
  Viestura 24 | 2010 Jūrmala
  www.akvaparks.lv
- **Tervise Paradiis** [D4]
  Side 14 | 80010 Pärnu
  www.terviseparadiis.ee
- **Kalev Spa Waterpark** [c2]
  Aia 18 | 10111 Tallinn
  www.kalevspa.ee

Freilichtmuseen

Angebote wie Vergnügungsparks sucht man im Baltikum bisher vergebens, unterhaltsam sind aber die Freilichtmuseen.

- **Litauisches Freilichtmuseum Rumšiškės** bei Kaunas › S. 77
- **Lettisches Freilichtmuseum am Juglas-See** bei Rīga › S. 94
- **Estnisches Freilichtmuseum Rocca al Mare** bei Tallinn › S. 121

Marionettentheater

Das Puppentheater überwindet dank lustiger Charaktere mühelos die Sprachbarrieren.

- **Eesti Nukuteater** [b2]
  Lai 1 | 10133 Tallinn
  Tel. 667 9555
  www.nuku.ee
- **Latvia Puppet Theatre** [c2]
  Barona 16/18 | 1050 Rīga
  Tel. 6728 5355
  www.lelluteatris.lv

Die baltische Natur lässt Kindern viel Raum für Entdeckungen **29**

Unterkunft

In den Hauptstädten und Urlaubsregionen gibt es Unterkünfte aller Preisklassen auf Westniveau. Verzeichnisse halten die Verkehrsämter bereit. Dünner wird die Auswahl abseits der touristischen Zentren.

Dort stößt man noch auf Unterkünfte, die den Gast direkt in die Sowjetzeit katapultieren. Meist allerdings auch zu moderaten Preisen.

Auf dem Land und an den Küsten sind Pensionen, Unterkünfte auf Bauernhöfen und Privatzimmer weit verbreitet. Die Ausstattung ist in der Regel gut, außerdem gibt es häufig hausgemachtes, landestypisches Essen.

In den Hauptstädten hat sich in der Kategorie der Luxushotels auch das Preisniveau westlichen Verhältnissen angenähert. Die genannten Preise gelten jeweils für zwei Personen im Doppelzimmer inklusive Frühstück.

In der Hauptsaison (Mitte Juni–Aug.) sollte man Unterkünfte vorausbuchen. Ferienwohnungen mietet man am besten über einen Veranstalter, z. B. über Mare Baltikum Reisen › S. 33.

Privatquartiere

In Kleinstädten und auf dem Land ist das Angebot an Unterkünften noch begrenzt. Bed-&-Breakfast-Adressen sind hier eine Alternative.

Rasastra [c2]
B-&-B-Unterkünfte in Estland, Rīga und Vilnius.
- Mere pst. 4 | 10111 Tallinn
  Tel. 661 6291
  www.bedbreakfast.ee

Litinterp [b2]
Gästehäuser in Vilnius, Kaunas und Klaipėda.
- Bernardinu 7 | 01124 Vilnius
  Tel. 5212 3850
  www.litinterp.com

Bauernhöfe

Ein Urlaub auf dem Land ist besonders für Familien ideal. Viele Gastgeber bieten auch sportliche Aktivitäten wie Rad fahren, Wandern, Reiten, Paddeln, Angeln oder Vogelbeobachtung an. Adressen bekommt man bei den Verbänden für Landtourismus:

Estnischer Verband »Urlaub auf dem Land« (Eesti Maaturism)
- Vilmsi 53g | 10147 Tallinn
  Tel. 600 9999
  www.maaturism.ee

Lettischer Verband »Urlaub auf dem Land« (Lauku ceļotāis)
- Kalnciema 40 | 1046 Rīga
  Tel. 6761 7600
  www.celotajs.lv

Litauischer Verband »Urlaub auf dem Land« (Lietuvos Kaimo Turizmo Asociacija)
- K. Donelaičio 2–201 | 44213 Kaunas
  Tel. 3740 0354
  www.atostogoskaime.lt

Camping

Campingplätze sind im Baltikum mit einfachen Holzhütten ausgestattet, die man für etwa 10 € mieten kann. Die Lage der Plätze ist oft wunderschön; hinsichtlich der Qualität gibt es allerdings große Unterschiede. Anschlüsse für Wohnmobile sind noch rar, sie werden aber verstärkt von Bauernhöfen angeboten. Außerhalb der Nationalparks ist wildes Campen im Baltikum erlaubt – sicherer ist es jedoch, den nächsten Bauern zu fragen, ob man auf seinem Grund zelten darf. Ein Verzeichnis aller Campingplätze ist auf der Webseite www.camping baltikum.de zu finden.

Jugendherbergen

Das Spektrum reicht von angejahrten Häusern mit eher dürftiger Ausstattung bis zum brandneuen Backpacker-Hotel in Rīga (Übernachtung je nach Standard 10–30 €). Der internationale Jugendherbergsausweis wird akzeptiert. Eine Übersicht und Buchungsoptionen findet man unter www.hihostels.com und auf den Webseiten der nationalen Organisationen:

**Estnisches Jugend-
herbergswerk**
• Narva mnt. 16–25 | 10120 Tallinn
Tel. 646 1455
www.balticbookings.com/eyha
www.hostels.ee

Lettisches Jugendherbergswerk
• Siguldas pr. 17–2 | 1014 Rīga
Tel. 2921 8560
www.hostellinglatvia.com

**Litauisches Jugend-
herbergswerk [b3]**
• Aušros vartų g. 20–15 | 02100 Vilnius
Tel. 6565 6571
www.lha.lt

**! Erst-
klassig**

Die schönsten historischen Hotels

• Das Hotel **Stikliai** in der Altstadt von Vilnius verbirgt sich in einem Haus, das im 17./18. Jh. Gast- und Rasthof des Klerus war › S. 65.
• In einem Stadtpalast des 19. Jhs. verströmt das Hotel **Europa Royale** €€€ [c3] in Rīga eine Atmosphäre dezenter Eleganz (Barona 12, Tel. 6707 9444, www.groupeuropa.com).
• Im Hotel **Merchant's House** in Tallinn gilt: Kopf einziehen – mancher Mauerbogen hängt hier tief. Die Zimmer in dem mittelalterlichen Kaufmannshaus bieten aber modernsten Komfort › S. 123.
• Das 5-Sterne-Hotel **Schlössle** besticht durch romantisch-rustikale Atmosphäre. Den Platz am Kamin in der Lobby möchte man lange nicht verlassen › S. 123.
• Das Boutiquehotel **The Three Sisters** in Tallinn vereint historische Architektur des 14. Jhs. mit zeitgenössischem Luxus › S. 124.
• Das **Pädaste Manor** auf der estnischen Insel Muhu ist ein feines, kleines Spa-Hotel in einem restaurierten Herrenhaus des 16. Jhs. – inmitten unberührter Natur › S. 136.

Bis zum Kinn im Schlamm

Schon die russischen Zaren reisten ins estnische Haapsalu, um Schlammbäder zu nehmen. Schattige Parks und die reizvolle Holzarchitektur machen den Charme des traditionsreichen Kurorts aus. Wie in Kuressaare und Pärnu wird hier seit den 1820er-Jahren Meeresschlamm zu Heilzwecken genutzt: Warme Schlammbäder sind nicht nur entspannend, sie wirken auch lindernd bei Hautkrankheiten und bei Erkrankungen des Bewegungsapparates.

Die ersten Spa-Hotels, die nach der Wende gebaut wurden, setzten einen pragmatisch medizinischen Schwerpunkt und waren eher Sanatorien als Wellnessoasen. Wen es jedoch nicht stört, beim Frühstück Gäste im Bademantel anzutreffen, kann hier den Luxus ungewöhnlich preiswerter Anwendungen genießen – eine halbstündige Massage kostet unter 20 €. Inzwischen haben immer mehr Hotels eröffnet, die bei nach wie vor günstigen Preisen westeuropäischen Standards entsprechen: ohne medizinischen Kurbetrieb, dafür aber mit einem Anwendungsprogramm, das von der Thalassotherapie bis zum Heubad jeden Wunsch erfüllt.

Georg Ots Spa Hotel ist der erste moderne Wellnesstempel westlicher Prägung auf der estnischen Insel Saaremaa. Direkt am Sandstrand von Kuressaare gelegen, verwöhnt es seine Gäste mit Massagen, Thalasso-Anwendungen und kosmetischen Behandlungen. **Pädaste Mõis,** ein estnisches Herrenhaus aus dem 17. Jh. auf der Insel Muhu, wurde zum exklusiven Wellnesshotel umgebaut. Die luxuriös ausgestatteten Zimmer, die exquisite Küche und das Freizeitangebot genügen selbst höchsten Ansprüchen. Weitere estnische Wellnesshotels findet man unter www.sanatoorium.ee, die wichtigsten Behandlungsmethoden der estnischen Kurorte unter www.estonianspas.eu.

- **Georg Ots Spa Hotel** [C4]
  Tori 2 | 93810 Kuressaare
  Tel. 455 0000
  www.gospa.ee
- **Pädaste Mois** [D4]
  94716 Muhu
  Tel. 454 8800
  www.padaste.ee

Auftanken im Day Spa

Erschöpft vom Kopfsteinpflastertreten in den baltischen Hauptstädten? Ein Besuch im Day Spa löst verspannte Muskeln und verspricht schnelle Regeneration.

In Tallinn wartet das **Day Spa** auf gestresste Großstädter und Durchreisende. Eine 50-minütige Massage kostet hier 30 €. Das **Kalev Spa Hotel** bietet Day Spa Packages mit klassischer Massage, Aroma- oder Hot-Stone-Therapie, privater Sauna und Day-Spa-Menü ab 66 €.

Mitten in der Altstadt von Rīga lockt das **Wellton Spa Centrum** mit Finnischer Sauna, Spa-Pool, Massagen und einer breiten Palette von Anwendungen.

- **Day Spa** [b3]
  Vana-Posti 4 | 10146 Tallinn
  Tel. 641 8701
  www.dayspa.ee
  Tgl. 9–21 Uhr
- **Kalev Spa Hotel** [c2]
  Aia 18 | 10111 Tallinn
  Tel. 649 3300
  http://kalevspa.ee
  Mo–Sa 8–20, So 8–17 Uhr
- **Wellton Spa Centrum** [b3]
  Kaleju 33 | 1050 Rīga
  Tel. 6713 0670
  http://wellton.com/centrumhotel
  Tgl. 9–21 Uhr

Wellness am Wasser

In Estland sind westliche Wellnesskonzepte am weitesten entwickelt, doch auch die Kurorte der Nachbarländer knüpfen mit neuem Sinn für Luxus an alte Traditionen an. In Litauen lädt, inmitten herrlicher Wälder gelegen, **Druskininkai** › S. 77 mit Mineralquellen zu Bade- und Trinkkuren ein. Reichlich Gelegenheit zur Meerwasser- und Klimatherapie bieten die langen Sandstrände **Palangas** › S. 78 und der **Kurischen Nehrung** › S. 82. Auf die Heilkraft des Meerwassers und der mit Ionen angereicherten Luft setzt man auch im lettischen **Jūrmala** › S. 103. Wem die Ostsee zu kalt ist, der kann sich zur Unterwassermassage in den beheizten Zuber eines Spas begeben.

Kuraufenthalte in den baltischen Staaten hat der Veranstalter **Mare Baltikum Reisen** im Angebot:

- **Mare Baltikum Reisen**
  Eichenstr. 27 | 20259 Hamburg
  Tel. 040/46 00 56 93
  www.mare-baltikum-reisen.de

Alle fünf Jahre versammeln
sich in Rīga Zehntausende zum
lettischen Sängerfest

LAND & LEUTE

Steckbrief Litauen

- **Fläche:** 65 200 km²
- **Einwohner:** ca.
  3 Mio.; 85 % Litauer,
  6,5 % Polen, 6,3 %
  Russen, 1,2 % Weiß-
  russen, 0,7 % Ukrai-
  ner, 1,6 % andere
- **Bevölkerungsdichte:**
  46 Einw./km²
- **Bevölkerungswachstum:** –0,3 %
- **Hauptstadt:** Vilnius (530 000 Einw.)
- **Amtssprache:** Litauisch
- **Zeitzone:** Osteuropäische Zeit (MEZ
  plus 1 Stunde)

- **Währung:** Euro (EUR)
- **Landesvorwahl:** 00370

Politik

Litauen ist eine parlamentarische
Demokratie. Staatsoberhaupt ist
seit 2009 die parteilose Dalia Gry-
bauskaitė. Aus den Parlamentswahlen im Oktober 2012 gingen die
oppositionellen Sozialdemokraten
als Sieger hervor, die sich auf eine
Koalition mit der Arbeitspartei, der
Partei für Ordnung und Gerechtigkeit und der Wahlaktion der Polen
Litauens verständigten. An der Re-
gierungsspitze steht Ministerpräsi-
dent Algirdas Butkevičius.

Wirtschaft

Mit fast 9 % Wachstum zählte Litau-
en 2007 zur Spitzengruppe inner-
halb der EU. Infolge der Finanzkrise
schrumpfte das BIP allerdings 2009
um fast 15 %, legte aber 2011 wieder
um 5,9 % zu. Für 2015 wurde immerhin ein Wachstum von 3,5 %
vorhergesagt. Die Arbeitslosenquo-
te lag 2014 bei knapp 11,5 %, das
durchschnittliche Jahreseinkom-
men 2013 bei 11 700 €. Vorrangiges
wirtschaftspolitisches Ziel war lange Zeit der Nachfolgebau des 2009
abgeschalteten russischen AKWs in
Ignalina, der 2015 in Betrieb genommen werden sollte. Bei einer
Volksabstimmung im Oktober 2012
entschied sich die Mehrheit der Litauer jedoch dagegen.

Exportiert werden in erster Linie
Mineralölerzeugnisse, Maschinen,
Elektrogeräte, Chemie- und Holz-
produkte. Deutschland ist neben
Russland und Lettland wichtigster
Handelspartner.

Religion

Die große Mehrheit (80 %) der Bevölkerung ist katholisch; 4 % sind
russisch-orthodox und knapp 2 %
gehören der evangelisch-lutherischen Kirche an.

Steckbrief Lettland

- **Fläche:** 64 597 km²
- **Einwohner:** ca. 2 Mio.; 62 % Letten, 27 % Russen, 4 % Weißrussen, 3 % Ukrainer, 2,5 % Polen, 1 % Litauer
- **Bevölkerungsdichte:** 31 Einw./km²
- **Bevölkerungswachstum:** –0,6 %
- **Hauptstadt:** Rīga (643 000 Einw.)
- **Amtssprache:** Lettisch
- **Zeitzone:** Osteuropäische Zeit (MEZ plus 1 Stunde)

- **Währung:** Euro (EUR)
- **Landesvorwahl:** 00371

Politik

Da es in Lettland nur kleine Parteien gibt, werden in der Regel Regierungskoalitionen gebildet, die Machtverhältnisse wechseln häufig. Staatsoberhaupt ist seit 2011 Präsident Andris Bērziņš, Regierungschefin seit 2014 Laimdota Straujuma. Sie gehört der liberal-konservativen Partei Vienotība an. Neben dem Ziel, wirtschaftlich Anschluss an die älteren EU-Staaten zu finden, ist die Integration der russischstämmigen Bevölkerung ein wichtiges Anliegen. Stärkste Partei im Parlament ist die sozialdemokratische Partei Saskaņa (»Harmonie«). Sie gehört aber nicht der Regierungskoalition an.

Wirtschaft

Hatte nach der Wende die Einführung der Marktwirtschaft Vorrang, versucht man nun, das Wachstum auf westeuropäisches Niveau zu heben. Inzwischen hat Lettland die Wirtschaftskrise von 2008 überwunden, auch die Inflationsrate ist auf 0,5 % gesunken. Der Euro wurde Anfang 2014 eingeführt. Zentrales Thema ist nach wie vor die gerechtere Verteilung des Wohlstands. Immerhin wurde seit der Wende mit Mindestlöhnen, Lohnfortzahlung im Krankheitsfall und Arbeitslosenunterstützung ein tragfähiges soziales Netz aufgebaut. Wichtigste Handelspartner sind Litauen, Deutschland, Estland, Finnland, Russland, Polen und Italien. Lettland exportiert vor allem Holz und Holzprodukte, Metallwaren und Textilien.

Religion

55 % der Letten sind Protestanten, 24 % Katholiken und 9 % gehören der russisch-orthodoxen Kirche an. Die katholische Bevölkerung lebt vor allem in der Region Lettgallen.

Steckbrief Estland

- **Fläche:** 45 227 km²
- **Einwohner:**
  1,3 Mio.; 69 % Esten;
  25 % Russen, 2 %
  Ukrainer, 1 % Weiß-
  russen, 0,6 % Finnen,
  3,3 % andere
- **Bevölkerungsdichte:**
  29 Einw./km²
- **Bevölkerungswachstum:** −0,7 %
- **Hauptstadt:** Tallinn (401 000 Einw.)
- **Amtssprache:** Estnisch
- **Zeitzone:** Osteuropäische Zeit
  (MEZ plus 1 Stunde)

- **Währung:** Euro (EUR)
- **Landesvorwahl:** 00372

Politik

Staatsoberhaupt ist seit 2006 Präsident Toomas Hendrik Ilves, Regie-
rungschef seit März 2014 Taavi Rõivas, der der Reformpartei angehört.
Bei den Parlamentswahlen im März
2015 wurde Europas jüngster Mi-
nisterpräsident im Amt bestätigt.
Politisch bietet sich ein ähnliches
Bild wie in Lettland – viele Parteien,
viele Koalitionsmöglichkeiten und
häufiger Machtwechsel. Dennoch
gibt es Konstanzen: Alle Verantwort-
lichen bemühten sich um Stabili-
sierung der freien Marktwirtschaft
und die politische Integration Estlands in den Westen. Mit der EU-
und NATO-Mitgliedschaft sowie
dem Beitritt zum Schengener Abkommen ist letzteres Ziel erreicht;
zunehmend wird nun auch die Frage sozialer Gerechtigkeit ein Thema,
ebenso wie die Integration der russischstämmigen Bevölkerung.

Wirtschaft

Die wichtigsten Wirtschaftszweige
sind Finanzdienstleistungen, Trans-
portwesen, Informationstechnologie, Telekommunikation, Tourismus
und Handel sowie die Immobilien-
und Baubranche. Seit der Einführung des Euro 2011 nehmen Export
und Investitionen wieder zu, die
Arbeitslosigkeit ist mit 8,6 % niedri-
ger als in den Jahren zuvor. Sorgen
bereitet die Abwanderung qualifi-
zierter Kräfte. Exportiert werden
v. a. Maschinen, Holz und Textilien.
Finnland, Schweden, Russland und
Deutschland sind die wichtigsten
Handelspartner.

Religion

Nur 30 % der Esten gehören einer
Kirche an: Etwa 4 % bekennen sich
zum evangelisch-lutherischen, 13 %
zum russisch-orthodoxen Glauben,
3 % sind Baptisten und Katholiken.

Geschichte im Überblick

4000 v. Chr. Finno-ugrische Völker wandern ins Gebiet des heutigen Estland ein.

2500 v. Chr. Indogermanische Stämme besiedeln das Gebiet des heutigen Lettland und Litauen.

100–600 n. Chr. Der Bernsteinhandel mit dem Mittelmeerraum erlebt eine Blüte, Raubzüge der Wikinger an die Ostseeküste.

1180 Kaufleute der Hanse errichten Handelsposten im Baltikum.

1200 Kreuzfahrerheere landen an der Daugava.

1201 Der Bremer Bischof Albert von Buxhoeveden gründet Rīga.

1202 Gründung des Schwertbrüderordens zur Missionierung des heutigen Estland und Lettland.

1219–27 Bischof Albert ruft die Dänen zu Hilfe, die die Festung Reval (heute Tallinn) errichten.

1236 Bei Šiauliai schlagen die Litauer die Kreuzritter und entgehen so der deutschen Besatzung.

1250 Fürst Mindaugas eint die litauischen Stämme, lässt sich aus taktischen Gründen taufen und wird mit päpstlichem Segen König.

1386 Union Litauens mit Polen. Das Land wird zu einer europäischen Großmacht.

1410 Der Deutsche Orden wird von Polen-Litauen vernichtend geschlagen.

Ab 1523 Reformation in Rīga, Reval und Tartu.

1558–82 Mit dem Großangriff Iwans des Schrecklichen beginnt der livländische Krieg, der den Zerfall des Ordensstaats einleitet. Nordestland und Reval werden schwedisch; Dänemark erwirbt Saaremaa und einen Teil Westkurlands; Livland schließt sich Polen an.

1600–29 Polnisch-schwedischer Krieg; Estland und weite Teile Lettlands geraten unter schwedische Herrschaft.

1710 Beginn der Zarenzeit im Baltikum, die 200 Jahre andauert.

1816–19 In Estland, Kurland und Livland wird die Leibeigenschaft aufgehoben.

1869 Erstes estnisches Sängerfest in Tartu; vier Jahre später erstes lettisches Sängerfest in Rīga.

1905 Die russische Revolution greift auf das Baltikum über.

1917/18 Estland, Lettland und Litauen erklären ihre Unabhängigkeit.

1922 Aufnahme der baltischen Staaten in den Völkerbund.

1939 Hitler-Stalin-Pakt; das Baltikum wird in einem geheimen Zusatzprotokoll der Sowjetunion überlassen. Umsiedlung der Deutschbalten.

1940 Die Rote Armee besetzt das Baltikum; Annexion Estlands, Lettlands und Litauens als Sowjetrepubliken. Massendeportationen nach Sibirien.

1941–44 Deutsche Besatzung; Massenmord an der jüdischen Bevölkerung.

1944 Rückkehr der Roten Armee.

1945–56 Zwangskollektivierung der Landwirtschaft und Russifizierung; Verschleppung von 200 000 Balten nach Sibirien.

1986 In verschiedenen Umweltbewegungen wird die Forderung nach Unabhängigkeit laut.

1987 Erste öffentliche Proteste gegen die Besatzer.

1989 Am 23. August wird eine 600 km lange Menschenkette von Tallinn nach Vilnius gebildet.

1990 Litauen erklärt seine Unabhängigkeit.

1991 Estland und Lettland erklären ihre Unabhängigkeit. Am 6. Sept. Anerkennung der drei baltischen Republiken durch die Sowjetunion; am 17. Sept. Aufnahme in die UNO. Rund 1,5 Mio. Russen bleiben im Baltikum.

1993–99 Die sowjetischen Truppen ziehen ab.

2003 In allen drei Republiken werden Referenden zum EU-Beitritt durchgeführt.

2004 Beitritt der baltischen Staaten zu NATO und EU.

2006 NATO-Gipfel in Rīga.

2007 Beitritt der baltischen Staaten zum Schengener Abkommen.

2009 Vilnius ist Europäische Kulturhauptstadt.

2011 Tallinn ist Europäische Kulturhauptstadt. Andrus Ansip geht aus den estnischen Parlamentswahlen erneut als Sieger hervor und führt zum dritten Mal nach 2005 eine Koalitionsregierung an.

2012 Bei der Parlamentswahl in Litauen siegen die oppositionellen Sozialdemokraten. Das Volk votiert gegen den Nachfolgebau des 2009 abgeschalteten AKWs in Ignalina.

2014 Rīga ist Europäische Kulturhauptstadt. Bei der Parlamentswahl im Oktober wird die Mitte-Rechts-Koalition von Ministerpräsidentin Laimdota Straujuma klar im Amt bestätigt.

2015 Zum 1. Januar 2015 übernimmt Lettland den Vorsitz im Rat der Europäischen Union. Aus der lettischen Parlamentswahl im März geht die Reformpartei unter Taavi Rõivas als Sieger hervor.

Natur & Umwelt

Das Baltikum verdankt sein Landschaftsbild der letzten Eiszeit: Die abschmelzenden Gletscher hinterließen sanfte Moränenhügel, Findlingsfelder und malerische Seen, deren größter, der Peipus-See, in Estland liegt.

Die starke Inlandsvereisung brachte es mit sich, dass es so gut wie keine nennenswerten Erhebungen gibt: Der höchste Berg des Baltikums, der estnische Suur Munamägi, bringt es gerade einmal auf 318 m. Hunderte von Flüssen durchziehen die Region; der bedeutendste ist die Daugava, der geschichtsträchtigste der Nemunas und der schönste die Gauja mit ihrem herrlichen Urstromtal. Neben den Seen und Flüssen bilden vor allem die vielen Moore und urwüchsigen Wälder prägende Landschaftselemente.

Auch der seltene Frauenschuh ist im Baltikum noch anzutreffen

Zu den eigentümlichsten Küstenregionen gehört die Kurische Nehrung in Litauen mit ihren gigantischen Wanderdünen. Endlose Sandstrände mit unterschiedlich breiten Dünengürteln säumen die lettische Ostseeküste. Die estnische Küste ist überwiegend stark zerklüftet; sie birgt einsame Buchten mit malerischen Fischerdörfern, denen eine schärenartige Inselwelt vorgelagert ist. Im Norden fallen die Kalkwände der Glintküste senkrecht ins Meer ab.

Ein gutes Drittel des Staatsgebietes bedecken dichte Forste, deren Beeren- und Pilzreichtum sprichwörtlich ist. Außer Rothirschen, Rehwild und Wildschweinen sind hier auch bedrohte Tierarten wie Elche, Wölfe, Luchse und Braunbären zu Hause. An den Ufern der fischreichen Gewässer leben Biber und Fischotter. Das Baltikum ist ein Vogelparadies: Mehr als 400 Arten werden hier im Sommer gezählt, darunter Kraniche, Moorhühner, Schnepfen, Kiebitze und der seltene Goldregenpfeifer. In Lettland brütet Europas größte Weißstorchpopulation.

Die Idylle trügt jedoch zuweilen: Die sowjetische Besatzung hat große Umweltprobleme hinterlassen. So hing im litauischen Ignalina ein Atomreaktor vom Typ Tschernobyl am Netz – in unmittelbarer Nachbarschaft zum größten Nationalpark des Landes. Er wurde 2009 endgültig abgeschaltet, das umstrittene Projekt eines neuen Atomkraftwerks in Visagina ließ die Regierung 2012 fallen, nachdem sich bei einem Referendum die Mehrheit der Wähler dagegen ausgesprochen hatte. In Lettland verhinderte die ökologische Bewegung den Bau eines Wasserkraftwerks. Der Ölschiefer- und Phosphorabbau hat in Estland starke Luftverschmutzung und gravierende Waldschäden verursacht. Er wurde nach der Unabhängigkeit reduziert, aber nicht völlig gestoppt. Auch das Meer ist nicht an allen Abschnitten der baltischen Küste so sauber, wie man es sich wünschen würde.

Das Umweltbewusstsein der Balten ist dennoch hoch entwickelt: Nicht umsonst pflanzten z. B. die Esten zur Feier ihres EU-Beitritts über das ganze Land verteilt 1 Mio. Bäume. Selbst die Unabhängigkeitsbewegung entstand zunächst aus ökologischen Initiativen. So reglementieren heute Umweltgesetze die Holzwirtschaft, mit der viel Geld verdient wird. Sie sollen nicht nur die Nachhaltigkeit dieses Wirtschaftszweigs sichern, sondern auch die herrliche Natur des Baltikums schützen.

Der Natur auf der Spur

Die Natur des Baltikums ist nahezu unberührt. Damit das so bleibt, wurden große Flächen in Nationalparks unter Schutz gestellt. An der Küste locken steile Klippen, endlose Sandstrände und die höchsten Dünen Europas; im Landesinneren erwarten den Besucher Hochmoore, Sumpfgebiete und dichte Wälder. Malerische Seenplatten und tiefe Flusstäler setzen Akzente in einer weiten, flachen Landschaft, in der verstreut einsame Gehöfte und prächtige Herrenhäuser liegen.

Geschichte in der Natur erleben

Der **Aukštaitija-Nationalpark** im Nordosten Litauens wurde 1974 gegründet, um den Bau des Atomkraftwerks im benachbarten Ignalina zu verhindern. Das 30 000 ha große Areal schützt eine intakte Landschaft aus Wald, Marschen und Wiesen, 30 Flüssen und der größten Seenplatte des Baltikums.

Auf seinem Gebiet liegen rund 80 Dörfer und Weiler, von denen viele ihre traditionelle Holzarchitektur bewahrt haben. Sie geben einen Eindruck davon, wie das Leben der Landbevölkerung hier seit alters verläuft. Bei der Parkverwaltung kann man Räder und Boote mieten; sie bietet auch ❗ geführte Wanderungen und Kanutouren an.

- Aukštaitija-Nationalpark [F8]
  Hier werden auch Privatzimmer in den Dörfern des Nationalparks oder schlichte Holzhäuschen auf Campingplätzen vermittelt.
  Lūšių 16 | 30202 Palūšė
  Tel. 3865 3135
  www.anp.lt

• **Zuvedra** €€ [F8]
Kleines Hotel mit 10 Zimmern am Ufer
des Paplovinis-Sees. Sauna, eigenes
Restaurant.
Mokyklos 11 | 30119 Ignalina
Tel. 3865 2314
www.zuvedra.com

Stromschnellen und bizarre Felsklippen

Lettlands schönster Fluss, die Gauja, hat ein Urstromtal mit tiefen
Schluchten und steilen Sandsteinfelsen ausgeformt, das einzigartige
Naturerlebnisse bietet. Es liegt eingebettet in urwüchsige Wälder mit
einer reichen Tier- und Pflanzenwelt. Der **Gauja-Nationalpark** › S. 113
ist ein Paradies für Wasserwanderer,
lässt sich aber auch zu Fuß, zu Pferd
oder per Rad erkunden. Geführte
Exkursionen organisiert das Besucherzentrum in Sigulda, dort erhält
man auch Tourenvorschläge und
Auskunft über Boots- und Fahrrad-
verleihe.

• **Gauja-Nationalpark** [E6]
Turaidas 2a | 2150 Sigulda
Tel. 2665 7661
www.gnp.lv

Verträumte Buchten und Findlinge

40 km östlich von Tallinn beginnt
eine Märchenlandschaft aus schrof-
fer Küste, Kiefernwäldern, Mooren
und Seen. Im **Lahemaa-Nationalpark**
› S. 137 sind Seeadler, Luchse und
Braunbären zu Hause. Vom Dorf
Käsmu aus führt ein Lehrpfad
durch Estlands größtes Findlingsfeld; bei Oandu und beim Gutshof
Sagadi wurden Waldlehrpfade an-

gelegt; ein knapp 3 km langer Bohlenweg erschließt das Viru-Hoch-
moor. Radwege beginnen in Käsmu
und Oandu. Das Besucherzentrum
in Palmse bietet Karten, Führungen
und einen Fahrradverleih.

Reitausflüge in den Lahemaa-
Nationalpark hat der **Reiterhof Kuusekännu** im Programm.

• **Lahemaa-Nationalpark** [E2]
Gutshof Palmse
Lääne-Virumaa | 45435 Palmse
Tel. 329 5555
www.keskkonnaamet.ee/lahe-eng

• **Reiterhof Kuusekännu** [E3]
Lääne-Virumaa | 45202 Kadrina
Tel. 509 4460
www.kuusekannuratsatalu.ee

Heideflächen und einsame Hochmoore

Neben Bruchwäldern und Auenwie-
sen sind Heideflächen und Moor-
gebiete typisch für den **Soomaa-
Nationalpark**. Am Besucherzentrum
starten markierte Lehrpfade. Geführte Wanderungen, Kanufahrten
und Ausflüge zum Pilze- oder Bee-
rensammeln im Nationalpark sind
z. B. über den Veranstalter **Soomaa.
com** buchbar. Ein besonderes Erlebnis sind die Saunawanderungen zu
schwimmenden Saunen auf Booten
mit wechselnden Standorten.

• **Soomaa-Nationalpark** [E4]
71211 Tipu (in Dorfnähe im Wald)
Tel. 435 7164
www.keskkonnaamet.ee/soom-eng

• **Soomaa.com**
Mobil-Tel. 506 1896 (Aivar Ruukel)
oder 514 7572 (Algis Martsoo)
info@soomaa.com
www.soomaa.com

Die Menschen

Begeistert sind die Esten, Letten und Litauer nicht, wenn man sie als Balten bezeichnet. Obwohl sie Nachbarn sind, haben sie keine gemeinsame Geschichte und gehören in ganz unterschiedliche ethnische, sprachliche und kulturelle Zusammenhänge.

Auch hinsichtlich der Religion lassen sich die drei Länder, die als letzte Völker Europas zum Christentums bekehrt wurden, nicht über einen Kamm scheren. Während Estland und Lettland protestantisch geprägt sind, bekennt sich ein Großteil der Litauer zum katholischen Glauben. Die Religion hat dort im Alltag der Bevölkerung einen hohen Stellenwert.

Doch bei allem Trennenden gibt es einen Umstand, der die drei Staaten vereint: Von jeher den Machtgelüsten starker Nachbarn ausgesetzt, waren sie fast 50 Jahre lang Sowjetrepubliken. Die Supermacht regierte mit eiserner Hand – Zigtausende Balten wurden nach Sibirien verschleppt und die Opposition systematisch unterdrückt. Die politische Entwicklung des 20. Jhs. – die Massendeportationen nach Sibirien ab 1941, die Auswanderungswelle nach dem Zweiten Weltkrieg und die Verschleppung Zigtausender Balten während der Sowjetzeit – haben die Bevölkerungsstruktur der baltischen Republiken stark beeinflusst.

Deutsche gibt es heute kaum noch, obwohl sie die Region maßgeblich prägten: Im 13. Jh. errichteten deutsche Kreuzritter im heutigen Estland und Lettland einen Ordensstaat. Daraus ging eine deutschbaltische Oberschicht hervor, die sich ihre Privilegien bis in die Zarenzeit erhalten konnte. Nach dem Ersten Weltkrieg wurden alle deutschen Großgrundbesitzer enteignet. Die 700-jährige Geschichte der Deutschen im Baltikum endete 1939 mit dem Hitler-Stalin-Pakt und Hitlers Parole »Heim ins Reich«. Die baltischen Staaten wurden der Sowjetunion zur »territorial-politischen Umgestaltung« überlassen und alle Deutschen nach Westen umgesiedelt.

Im Alltag der Litauer spielt die Religion eine wichtige Rolle

Um die annektierten Gebiete gleichzuschalten, siedelte Moskau ab 1944 in den baltischen Industriezentren massenhaft Sowjetbürger an. Mit Erfolg: Die Letten stellen im eigenen Land heute nur knapp die Mehrheit; in Estland haben fast 30 % der Bevölkerung russische Wurzeln. Einzig in Litauen besitzen fast alle Einwohner einen litauischen Pass – eine Folge der vergleichsweise geringen Industrialisierung.

Obwohl Deutschland im Zweiten Weltkrieg mit Massendeportationen und -ermordungen unter den Juden furchtbares Unheil anrichtete, hat die als größeres Übel empfundene Sowjetzeit viele schlechte Erinnerungen überlagert. Im Baltikum schlägt man den historischen Bogen heute etwas weiter zurück und knüpft lieber an die alte Verbindung nach Deutschland an als an die jüngere nach Russland.

Kunst & Kultur

Über Jahrhunderte fremdbestimmt, entwickelten die baltischen Staaten erst im 19. Jh. eine eigene Identität. Die geografische Lage zwischen Ost und West und die ethnische Vielfalt haben ihre Kultur in allen Bereichen geprägt – am augenfälligsten wird das an der Architektur der Städte.

Dass die Balten als letzte europäische Völker zum Christentum fanden, bedeutet auch, dass vorchristliche Mythen und Gesänge hier lebendiger blieben als anderswo. Noch während der Sowjetzeit stellte diese mündliche Überlieferung eine Gegenwelt dar, in die man sich aus dem sozialistischen Alltag flüchtete.

Musik von Klassik bis Pop

Musik ist den Balten so wichtig wie die Luft zum Atmen. Entsprechend viele baltische Tonkünstler haben es auf die Bühnen der Welt geschafft – vor allem im Bereich der Klassik.

Wichtigster zeitgenössischer Komponist ist **Arvo Pärt** (geb. 1935), der die ersten estnischen Zwölftonstücke schrieb und sich später der sakralen Musik zuwandte. Probleme mit dem Kulturdiktat der Sowjets bewogen ihn zur Ausreise; seit den 1980er-Jahren lebt Pärt in Berlin. Sein Landsmann **Erkki-Sven Tüür** (geb. 1959) begann als Autodidakt und Rockmusiker. In seinen Werken kombiniert er Rockelemente mit Klassik und Volksmusik.

Berühmtester baltischer Musiker ist der aus Rīga stammende Violinist **Gidon Kremer** (geb. 1947). Als international gefeierter Star gewährte ihm die Sowjetunion 1977 uneingeschränkte Reisefreiheit. 1997 gründete Kremer mit jungen Talenten aus den baltischen Staaten das Kammerorchester »Kremerata Baltica«, das in der gesamten Welt viel beachtete Gastspiele gibt.

Die estnischen Zwillingsschwestern **Anu** und **Kadri Tali** (geb. 1972) gründeten 1997 das **Nordic Symphony Orchestra**. Anu dirigiert die Musiker aus 15 Nationen, Kadri ist Managerin. Das Orchester spielt in der ganzen Welt, aber auch in der estnischen Konzerthalle in Tallinn, und hat diverse CDs eingespielt, u. a. auch mit Werken von Erkki-Sven Tüür.

Zu den großen Namen des Jazz zählen der Gitarrist **Juozas Milašius** aus Litauen und die estnische Sängerin und Komponistin **Hedvig Hanson,** die ihre Klangwelten zweisprachig errichtet. Natürlich gibt es im Baltikum auch Popmusik: **Tanel Padar** und **Dave Benton** gewannen 2001 den Grand Prix d'Eurovision für Estland. **Marie N.,** studierte Juristin aus Rīga, siegte 2002 mit einer Eigenkomposition. Auch die erfolgreiche lettische Popgruppe **Brainstorm** verdiente sich beim Europäischen Schlagerwettbewerb Lorbeeren.

Literatur

Nach der Eingliederung ins Sowjetreich unterlag die baltische Literatur zunächst einer rigiden Zensur, die viele Autoren ins Exil trieb. Andere wichen auf Lyrik aus, die von der Obrigkeit weitgehend ignoriert wurde. Die Romane des Litauers **Jurgis Kuncinas** (1947–2002) waren in seiner Heimat verboten; im Ausland fand jedoch besonders »Mobile Röntgenstationen« (Athena-Verlag, 2002) große Beachtung. Anderen Autoren gelang die Gratwanderung: Der Este **Jaan Kross** (1920–2007) gilt als bedeutendster zeitgenössischer Schriftsteller. Seine historischen Romane (allen voran »Der Verrückte des Zaren«, dtv, 2003) haben auch in Deutschland ein breites Publikum gefunden.

Zu den wichtigen jüngeren Autoren zählte die in Vilnius geborene **Jurga Ivanauskaitė** (1961–2007). Ihr erotische Szenen schildernder Roman »Die Regenhexe« (dtv, 2004) sorgte 1993 im katholischen Litauen für einen literarischen Skandal. An Tabus rührte auch **Dace Rukšāne** (geb. 1969 in Rīga) mit ihrem Erstlingswerk »Romanze«. Ihr dritter Roman »Warum hast Du geweint« (Ammann, 2007) ist auch auf Deutsch erschienen. Als große Begabung gilt **Renata Serelyte** (geb. 1970 in Vilnius), die 1997 mit »Sterne der Eiszeit« (Rowohlt, 2002) debütierte. 2010 folgte »Blaubarts Kinder«.

Architektur

Vereinfacht lässt sich sagen, dass in Lettland und Estland die hanseatische Backsteingotik dominiert; im katholischen Litauen hingegen der Barock. Dessen bedeutendste Schöpfungen sind dem Petersburger Hofarchitekten **Bartolomeo Francesco Rastrelli** (1700–1771) zu verdanken › **S. 109**. Rīga besitzt zudem einen in Europa einzigartigen Schatz an Jugendstilbauten. **Michael Eisenstein** (1867–1921) ist in dieser Stilepoche als herausragender Architekt zu nennen › **S. 87, 89, 93.** Tallinn zählt mittlerweile auch eine Handvoll gläserner Türme zu seiner Skyline; so schafft etwa die kantige Silhouette des Radisson Blu Hotel einen starken Kontrast zu den schweren mittelalterlichen Mauern und den schlanken Kirchtürmen der Altstadt.

Im katholischen Litauen dominiert der Barock (Heiliggeistkirche, Vilnius)

Bildende Kunst

Der Aufbruch nach der Unabhängigkeit hat eine junge Künstlergeneration geradezu beflügelt. Dennoch: Kunst kostet Geld, und daran fehlt es in den baltischen Ländern. Entsprechend wenige Sammler und Galerien gibt es, und auch der Staat kann sich für die Förderung der Künste kaum engagieren. Das führte nach erster Begeisterung über die neue Freiheit vielerorts zur Ernüchterung. Langsam entstehen aber neue Foren. Vilnius besitzt mit dem **Contemporary Arts Centre (CAC)** › **S. 63** das wichtigste baltische Zentrum für moderne Kunst. 2009 wurde in den Räumen des Revolutionsmuseums die litauische **Nationalgalerie für Moderne Kunst** eröffnet (www.ndg.lt). Nach dem Vorbild des **Museums für Moderne Kunst (KUMU)** › **S. 121** und der **Kunsthalle** in Tallinn (www.kunstihoone.ee) möchte man hier auch zeitgenössischen Künstlern Gelegenheit geben, im Rahmen von Wechselausstellungen ihr Werk zu präsentieren.

Zu den bedeutendsten Vertretern der Vergangenheitskunst zählen in Lettland der Landschaftsmaler **Vilhelms Purvītis** (1872–1945), dessen Bilder auch in europäischen Museen hängen. Hauptvertreter des lettischen Jugendstils ist **Jānis Rozentāls** (1866–1916), der standesgemäß in der Albertstraße in Rīga lebte und arbeitete. Der Bildhauer **Kārlis Zāle** (1888–1942) entwarf u. a. das Freiheitsdenkmal in Rīga › **S. 93**.

Mikalojus Konstantinas Čiurlionis, 1875 im litauischen Varėna geboren, hob als Maler und Musiker die Grenzen zwischen den Künsten auf. Seine Bilder komponierte er nach musikalischen Gesetzen. Als er 1911 35-jährig starb, hinterließ er 300 Gemälde. Sein Werk ist in dem nach ihm benannten Nationalmuseum in Kaunas ausgestellt › **S. 76**.

Volkssport Singen

Dass der Grand Prix zweimal hintereinander im Baltikum stattfand – 2002 in Tallinn, 2003 in Rīga – ist kein Zufall: Ein Leben ohne Musik kann sich hier niemand vorstellen. Chorgesänge und Lieder sind ein wichtiger Bestandteil der Volkskultur. Schon lange vor der »singenden Revolution« in den 1990er-Jahren halfen sie den baltischen Völkern, ihre nationale Identität zu bewahren.

Liedgutpflege unter freiem Himmel

Die größten Chöre der Welt kommen anlässlich der **Sängerfeste** zusammen. 1869 fand das erste in Estland statt, die Nachbarländer zogen bald nach. Bis heute sind die Sängerfeste nationale Ereignisse, zu denen Exilbalten aus aller Welt anreisen. Tagelang singen Chöre überall in der Stadt – oder versammeln sich in den großen Arenen. 30 000 Sänger fasst etwa die Bühne in Vilnius. Sängerfeste finden alle vier bis fünf Jahre statt. Die UNESCO zählt sie seit 2003 zum Weltkulturerbe.

Das nächste landesweite Sängerfest findet 2018 in Lettland statt. Sonderreisen zu diesem Event veranstaltet **Schnieder Reisen** (Tel. 040/ 380 20 60, www.baltikum24.de).

Opern-Highlights zum Spartarif

Das Niveau ist hoch, die Preise niedrig: Wo sonst kann man für 2–15 € hochkarätige Aufführungen sehen? Das schönste und renommierteste Opernhaus des Baltikums besitzt Rīga – von Kennern wird es mit der berühmten Moskauer Bolschoi-Oper gleichgesetzt.

- **Lettische Nationaloper** [c3]
  Aspazijas bulv. 3 | 1050 Rīga
  Kartenbestellung unter Tel. 6707 3777,
  boxoffice@opera.lv,
  Mo–Sa 10–19, So 11–19 Uhr
  www.opera.lv
- **Estnische Nationaloper** [c3]
  Estonia pst. 4 | 10148 Tallinn
  Vorverkauf tgl. 11–18 Uhr,
  Kartenbestellung tgl. 10–18 Uhr
  unter Tel. 683 1210, Fax 683 1246
  oder info@opera.ee
  www.opera.ee
- **Litauische Nationaloper** [a1]
  A. Vienuolio 1 | 01104 Vilnius
  Vorverkauf Mo–Fr 10–19, Sa bis 18.30,
  So bis 15 Uhr. Kartenbestellung unter
  Tel./Fax 6155 1000 und 5262 0727
  oder info@opera.lt
  www.opera.lt

Festivals von Klassik bis Jazz

Der baltische Sommer gehört der Musik: Prominent besetzte **Opernfestivals** finden im Juni in Rīga (www.opera.lv) und Ende Juli in Kuressaare statt. An Liebhaber klassischer Musik wendet sich auch das **Thomas-Mann-Festival** im Juli auf der Kurischen Nehrung (www.thomas-mann-haus.de). **Festivals klassischer Musik** (www.filharmonija.lt) werden zudem im Juni in Vilnius sowie im August in Klaipėda veranstaltet. Das estnische **Opernfestival Summer Night Stars** findet im Juni in Tallinn statt (www.opera.ee). **Festivals für Alte Musik** kann man im Juli im Barockschloss Rundāle, in Rīga, in der Burgruine von Bauska sowie in Viljandi im Süden Estlands (www.viljandi.ee) besuchen.

Im Frühling trifft man sich zum **Internationalen Jazzfestival** in Tallinn (www.jazzkaar.ee). Weitere **Jazzfestivals** finden im Juni in Klaipėda (www.jazz.lt) und Ende Juli in Saulkrasti (www.saulkrastijazz.lv) statt. Zum **Internationalen Jazzfestival** in Vilnius (www.vilniusjazz.lt) im Herbst reisen Fans aus der gesamten Region an.

Orchestermusik auf Weltniveau

Baltische Orchester genießen Weltruf: In der Philharmonie in Vilnius treten das **Litauische Symphonieorchester**, das **Kammerorchester** und das **Čiurlionis-Streichquartett** auf. Das renommierte **Lettische Symphonieorchester** erfüllt die Konzerthalle der Großen Gilde in Rīga mit Wohlklang. Werke zeitgenössischer lettischer Komponisten, aber auch Barockmusik und Wiener Klassik spielt das **Rīgaer Kammerorchester**. Das **Estnische Symphonieorchester** ist im Tallinner Konzertsaal zu Hause.

- **Litauische Philharmonie** [b3]
  Aušros Vartų 5 | 01305 Vilnius
  Tel. 5266 5233
  www.filharmonija.lt
- **Lettisches Symphonieorchester** [b2]
  Amatu 6 | 1050 Rīga
  Tel. 6721 3643 | www.lnso.lv
- **Rīgaer Kammerorchester Sinfonietta Rīga** [c4]
  Maskavas 4/1 | 1050 Rīga
  Tel. 6721 5018 | www.sinfoniettariga.lv
- **Estnisches Symphonieorchester** [c3]
  Estonia pst. 4 | 10143 Tallinn
  Tel. 614 7760 | www.concert.ee

Feste & Veranstaltungen

Den ganzen Sommer über finden im Baltikum Musikfestivals statt. Die wichtigsten sind im Special auf S. 49 aufgeführt. Auf zahlreichen anderen Festen wird der wiedererlangten Freiheit gedacht und an heidnische Bräuche erinnert. Das wichtigste Ereignis des Jahres ist ohne Frage das Johannisfest zur Sommersonnenwende.

März: Kazimir-Tag, Volksfest in Vilnius zu Ehren des litauischen Schutzpatrons (Anf. März).

Mai: Internationales Folklorefestival in den Höfen der Altstadt von Vilnius (Ende Mai, www.etno.lt).

Mai/Juni: Deutsche Kulturtage in Klaipėda, Gastspiele, Konzerte, Ausstellungen und Lesungen.

Juni: Johannisfest (24. Juni): Die Mittsommernacht wird im ganzen Baltikum mit Sonnwendfeuern, Tanz und speziellen Speisen gefeiert; stimmungsvolle öffentliche Feiern finden zu diesem Anlass in den Freilichtmuseen und an archäologischen Fundorten wie dem litauischen Kernavė statt. Besonders eindrucksvoll sind die langen Sonnenuntergänge an der Ostseeküste, etwa im litauischen Palanga; **Baltisches Mittelalterfestival** in Cēsis (Mitte Juni, www.cesis.lv).

Juli: Große **Sängerfeste** (Anf. Juli; › Special S. 48); **Biersommer** (»Ollesummer«) in Tallinn: Das größte Bierfest des Nordens (1. Julihälfte); **Mittelalterliche Markttage** in Tallinn, Präsentation alter Handwerkstechniken auf dem Rathausplatz (1. Julihälfte); **Meeresfestival Baltic Sail** in Klaipėda: Wassersport, Segelregatten und Konzerte (Ende Juli); **Hansetage** in Tartu mit Ritterspielen (Mitte Juli, www.hansapaevad.ee), **Positivus Festival in Salacgrīva:** Indie-, Pop-, Folk- und Electronic-Musik.

August: Das **Fest der Weißen Dame** in der Burg von Haapsalu beschwört Estlands berühmtesten Geist (1. Augustwochenende); **Wikingertage** in Käsmu (Anfang Aug.); **Hafenfesttage** in Kuressaare auf Saaremaa mit maritimen Wettbewerben (2. Augustwochenende); **Fest mittelalterlicher Handwerkskunst** in Nida, Litauen.

September: Internationale Stadtfesttage in Vilnius: Musik, Ausstellungen und Handwerkermarkt auf dem Rathausplatz (www.vilniusfestivals.lt); **Pilzfestival** in Varėna mit Sammelwettbewerb und Volksfest in der Stadt.

Oktober: Musikfestival Gaida in Vilnius mit zeitgenössischer klassischer Musik aus Mittel- und Osteuropa (www.vilniusfestivals.lt); Internationales Jazzfestival **Vilnius City Jazz** (www.vilniusfestivals.lt).

November: Filmfestival »Schwarze Nächte« in Tallinn (Mitte Nov.–Mitte Dez., www.poff.ee); **Arēna New Music Festival** in Rīga mit zeitgenössischer Musik vorwiegend lettischer Komponisten (www.arenafest.lv), Lichterfestival »Staro Rīga« (www.staroriga.lv).

Dezember: Erste Monatshälfte **Weihnachtsjazz** in Tallinn; **Weihnachtsmärkte** in den Hauptstädten. Einem alten Brauch folgend, wird am 23. Dezember das alte Jahr in Form von Holzscheiten symbolisch verbrannt.

Essen & Trinken

Von Borschtsch bis Heringsparfait

Die deftige und bodenständige baltische Küche umfasst viele Gerichte, die gemeinhin als typisch deutsch gelten: In Estland beispielsweise Sauerkraut *(hapukapsas)* – gerne als Beilage zu einem geschmorten Schweinebraten *(sea praad)* – und Sülze *(sült)*. Auch Blutwurst *(verivorst)* wird häufig aufgetischt, und Kartoffeln *(kartulid)* dürfen bei keiner warmen Mahlzeit fehlen. Derlei Vorlieben gehen auf die deutschbaltische Vergangenheit zurück. Daneben gibt es auch Berührungspunkte mit der skandinavischen Küche: Preiselbeermarmelade *(pohlamoos)* kommt nicht nur aufs Frühstücksbrot, sondern verleiht auch deftigen Speisen einen süßen Akzent. Weitere Lieblingsgerichte der Esten sind Kalbfleisch in Aspik, Kalbsbraten sowie Heringssalat mit Roter Beete und Rindfleisch *(rossolje)*. Eine wichtige Rolle in der Küche spielt geräucherter Fisch – vor allem Hering und Strömling. Als besondere Delikatesse gilt Heringsparfait.

Lettische Nationalgerichte sind Graue Erbsen mit Räucherspeck und Hefeteigtaschen mit unterschiedlichen Füllungen. Die lettische Sauerkrautsuppe *(skābu kāpostu zupa)* wird mit Gemüse, Speck und Sauerrahm angereichert, die aromatische Sauerampfersuppe mit gekochtem Schweinefleisch, Kartoffeln, Eiern und saurer Sahne. Die meisten Hauptgerichte basieren auf Schweinefleisch mit Kartoffeln in unterschiedlichen Zubereitungen.

Im gesamten Baltikum beliebt: deftige Matjesgerichte

Bodenständige Küche wird in rustikalem Ambiente serviert

Obwohl sie erst im 18. Jh. nach Litauen kam, ist die Kartoffel hier besonders beliebt. In kaum einem anderen Land wird sie auf so vielfältige Weise zubereitet. Kartoffelpfannkuchen *(bulviniai blynai)*, Kartoffelpuffer *(kugelis)* und das Nationalgericht *cepelinai* – mit Fleisch oder Käse gefüllte Kartoffelklöße – sollte man unbedingt probieren. Selbst Würste sind hier manchmal mit Kartoffeln gefüllt – *vėderai* nennt sich diese Spielart.

Die Zeit der russischen Besatzung blieb auch für die baltische Küche nicht folgenlos. *Borschtsch*, eine Suppe aus Roter Beete, Kartoffeln, Ei und Sauerrahm, steht ebenso häufig auf dem Speiseplan wie *Soljanka, Schaschlik* oder *pelmeni* – russische Maultaschen.

Im Baltikum versteht man zu backen. Köstliches dunkles Brot bekommt man überall, in Lettland und Litauen ist es oft mit Kümmel oder Kardamom aromatisiert.

Essen gehen

Die Hauptstädte warten längst mit Restaurants aller Nationalitäten, mit Gourmettempeln und Erlebnisgastronomie auf. Ein Essen in einem einheimischen Traditionslokal sollte dennoch auf dem Programm stehen: Obwohl viele Völker die baltische Küche beeinflussten, hat sie natürlich auch eigene Spezialitäten entwickelt. Sie geraten den Küchenchefs meist besser als ihre ambitionierten, aber bisweilen noch ungeübten Versuche, es mit der internationalen Küche aufzunehmen. Neuerdings gibt es auch einheimische Restaurantketten, so sind in Lettland »Lido«-Filialen verbreitet und in Litauen Niederlassungen von »Čili«.

Vegetarische Restaurants sind im Baltikum bisher selten, und die einheimische Küche zwingt Vegetarier oft dazu, ihre Mahlzeiten weitgehend auf Kartoffel- und Kohlbasis zu bestreiten. Die Restaurants in den Hauptstädten haben aber meist auch Fleischloses auf der Karte.

Auf dem Land kann man sehr preiswert tafeln. In den Hauptstädten nähert sich das Preisniveau gehobener Restaurants zunehmend westeuropäischen Verhältnissen an; in Mittelklasse-Restaurants isst man jedoch immer noch wesentlich günstiger als in Deutschland.

Getränke

Weinliebhaber haben im Baltikum das Nachsehen – wenn man überhaupt Wein bekommt, ist er sehr teuer. Dafür sind die einheimischen Biere (in Estland »Saku« und »Saaremaa õlu«, in Lettland »Aldaris« und »Tērvetes«, in Litauen »Švyturys«) preiswert und sehr gut. Viele Restaurants brauen selbst – probieren lohnt. Wodka hat nach dem Ende der Sowjetzeit seine zentrale Rolle bei der Abendgestaltung eingebüßt. In Estland wird der Kräuterschnaps »Vana Tallinn« hergestellt. Früher benötigte man ihn zum Schmieren russischer Beamter. Heute ist er, ebenso wie der lettische »Rīga Balzams« oder der litauische »Balzamas«, ein begehrtes Mitbringsel.

Tagsüber wird im Baltikum viel Tee konsumiert – ein Erbe aus sowjetischen Tagen. Kaffee wird nach Art des türkischen Mokka zubereitet. Das Angebot einheimischer Mineralwassersorten ist groß und gut. Beliebte Getränke sind auch Milch, Kefir und Kwass, eine Art Brottrunk. Eine Spezialität ländlicher Gebiete ist selbst hergestellter Moosbeeren- und Birkensaft.

❘ Erstklassig

Die besten Restaurants mit Landesküche

....

- **Marceliukės Klėtis,** Vilnius: Authentische litauische Gerichte in urig-rustikalen Räumlichkeiten mit viel Holz › S. 66.
- **Lokys** € [b3]
  Ausgezeichnete Wildküche in einem gotischen Kellergewölbe, ein ausgestopfter Bär *(lokys)* schaut beim Essen zu.
  Stiklių 8/10 | 01131 Vilnius
  Tel. 5262 9046 | www.lokys.lt
- **Vincents,** Rīga: Mehrfach prämierte Gourmetküche auf der Basis regionaler Zutaten, minimalistisches Dekor › S. 96.
- **Salve,** Rīga: Die feine lettische Küche lässt das etwas gewöhnungsbedürftige, pseudomittelalterliche Dekor vergessen › S. 97.
- **Kuldse Notsu Kõrts,** Tallinn: Traditionelle estnische Küche, serviert in einem Kellergewölbe von Personal in Tracht › S. 124.
- **Restaurant Ö** €€ [c2]
  Das Kontrastprogramm dazu bietet die moderne estnische Küche dieses schicken Lokals in der Neustadt.
  Mere pst. 6e | 10111 Tallinn
  Tel. 661 6150
  www.restoran-o.ee

Die historische Altstadt von Talsi
in der Kurländischen Schweiz liegt
zwischen zwei Seen

TOP-TOUREN
& SEHENS-
WERTES

VILNIUS

Kleine Inspiration

- **Vom Gediminas-Turm** den Blick über das Dächermeer der Altstadt schweifen lassen › S. 60
- **Ins anarchische Vilnius eintauchen** bei einem Bummel durch das Künstlerviertel Užupis › S. 62
- **Am Tor der Morgenröte** beobachten, wie junge Mädchen auf Stöckelabsätzen vor der goldenen Madonna in die Knie gehen › S. 64

Aus dem Dächermeer von Vilnius' barocker Altstadt ragen überall Kirchturmspitzen und Glockentürme empor – mit mehr als 50 Gotteshäusern prunkt das »Rom des Ostens«.

Vilnius ist eine Stadt, die man am besten zu Fuß erkundet: Kopfsteingepflasterte Gassen erschließen die Altstadt mit ihren denkmalgeschützten Häusern, den unzähligen Kirchen und der altehrwürdigen Universität. 1900 Gebäude zählt die UNESCO zum Weltkulturerbe: Ihre Fassaden spiegeln alle Baustile von der Gotik bis zum Klassizismus wider. Die deutlichsten Spuren hinterließ jedoch der Barock, dessen heitere Pastelltöne der Stadt ihr südländisches Flair verleihen.

Vilnius ist von jeher eine Vielvölkerstadt, die unterschiedliche Ethnien und Konfessionen beheimatete. Im Laufe der Jahrhunderte siedelten hier Polen, Juden, Russen, Weißrussen und Ukrainer und trieben Handel. Keine andere europäische Hauptstadt wechselte so oft Namen und Herren, allein im 20. Jh. achtmal.

Um Litauens Hauptstadt richtig kennenzulernen, sollte man sich einige Tage Zeit nehmen – in den engen Gässchen gibt es nicht nur Baudenkmäler zu entdecken. Vilnius besitzt zahlreiche Museen und Galerien; in versteckten Innenhöfen warten Cafés auf Gäste, originelle Geschäfte und schicke Boutiquen laden zum Bummel ein.

Touren in Vilnius

 Die Altstadt

Route: Gediminas-Turm › Kathedrale › St. Anna- und Bernhardiner-Kirche › Universität › Tor der Morgenröte

Karte: Seite 59
Dauer: etwa 4 Std., wenn man sich viel Zeit nimmt und zwischendurch im Café verschnauft
Praktische Hinweise:
• Montags sind die meisten Museen geschlossen.

Tour-Start:
Zum Auftakt der Tour verschafft man sich vom **Gediminas-Turm** **1** › **S. 60**, der zur Oberen Burg gehörte, einen Überblick über die Altstadt. Wer Kraft sparen möchte, nimmt die Drahtseilbahn auf den Hügel. Anschließend schlendert man zur **Kathedrale** **2** › **S. 60** hinab, deren Glockenturm einen ehemaligen Turm der Unteren Burg einbezieht. Über die von mittelalterlichen Häusern gesäumte Pilies gatvė und die

Blick vom Gediminas-Turm über Vilnius

Bernardinų gatvė gelangt man zum herrlichen gotischen Ensemble der **St. Anna-** 9 und **Bernhardiner-Kirche** › S. 62. Die Šv. Mykolo gatvė führt zur Pilies gatvė zurück. Hier gruppieren sich um zwölf Innenhöfe im Renaissancestil die Gebäude der **Universität** › S. 61, eine der ältesten Europas. Danach schlendert man die Didžioji gatvė entlang, die Hauptstraße der Altstadt, deren Beginn die orthodoxe **Pjatnizkaja-Kirche** markiert. Sie wurde im 14. Jh. für die russische Frau des Großfürsten Algirdas erbaut. Prunkvolle Barockkirchen säumen den Weg am Rathausplatz vorbei zum **Tor der Morgenröte** 16 › S. 64, dem einzigen noch erhaltenen Teil der ehemaligen Stadtmauer.

Das barocke Vilnius

Route: Kathedrale › **Michaels-kirche / Museum für Kirchenkunst** › **Johanniskirche** › **Nikolauskirche** › **Kasimirkirche** › **Theresienkirche**

Karte: Seite 59
Länge: Etwa 4 Std. braucht man, wenn man sich für die Besichtigungen Zeit nimmt.
Praktische Hinweise:
• In Vilnius kann man keine 20 Schritte tun, ohne auf eine Kirche zu stoßen. Da es kaum möglich ist, alle zu besichtigen, empfiehlt es sich, Schwerpunkte zu setzen. Diese Tour führt zu besonders schwelgerischen barocken Gotteshäusern.

Tour-Start:
Die klassizistische Fassade der **Kathedrale** 2 › S. 60 lässt kaum vermuten, dass sich in ihrem Inneren mit der **Kasimir-** und der **Valavičių-Kapelle** gleich zwei Juwele des Barock befinden. Über die Pilies und Šv. Mykolo gatvė gelangt man zur **Michaelskirche** 8 › S. 62 mit einem anmutig geschwungenen, frei stehenden Glockenturm. In der Pilies gatvė erhebt sich am Rand des Großen Hofes der Universität die **Johanniskirche** 6 › S. 61 mit ihrer schwelgerischen Barockfassade. Wenn man nun die Didžioji gatvė hinab zum Tor der Morgenröte schlendert, sieht man mit der **Nikolauskirche** 11 › S. 63, der **Kasimirkirche** 12 › S. 63 und der **Theresienkirche** 15 › S. 63 die barocken Perlen der Stadt aufgereiht wie an einer Kette.

Das jüdische Vilnius

Route: Zentrum für Toleranz › **Synagoge** › **Jüdisches Viertel** › **Holocaust-Museum** › **Gedenkstätte Paneriai**

Karte: Seite 59
Dauer: 1 Tag; die Gedenkstätte Paneriai liegt 8 km südwestlich des Stadtzentrums.
Praktische Hinweise:
• Die Tour sollte nicht freitags oder samstags durchgeführt werden, dann ist vieles geschlossen.
• Paneriai erreicht man mit dem Zug nach Trakai (Haltestelle Paneriai).

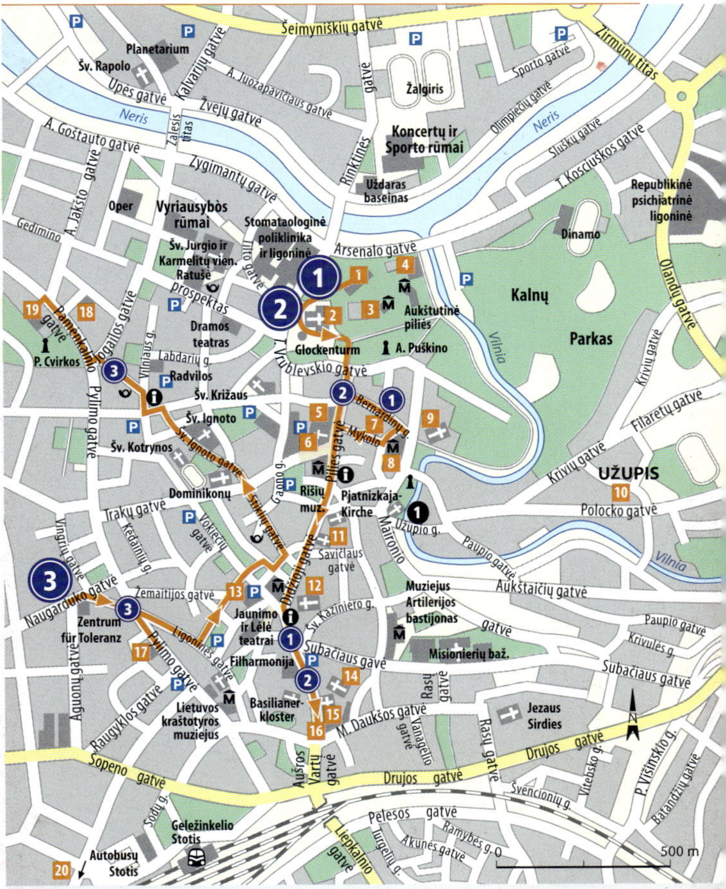

Touren in Vilnius

Tour ①

Die Altstadt

Tour ②

Das barocke Vilnius

Tour ③

Das jüdische Vilnius

1 Gediminas-Turm	**13** Zentrum für Zeitgenössische Kunst (CAC)
2 St. Stanislaus-Kathedrale	**14** Heiliggeistkirche
3 Nationalmuseum	**15** Theresienkirche
4 Museum für angewandte Kunst	**16** Tor der Morgenröte
5 Universität	**17** Synagoge
6 Johanniskirche	**18** Genozid-Museum
7 Bernsteinmuseum	**19** Holocaust-Museum
8 Michaelskirche / Museum für Kirchenkunst	**20** Gedenkstätte Paneriai
9 St. Anna-Kirche	
10 Bohème-Viertel Užupis	
11 Nikolauskirche	
12 Kasimirkirche	

Tour-Start:

Für die Juden Osteuropas war Vilnius lange ein geistiges und kulturelles Zentrum. Noch zu Beginn des 20. Jhs. stellten sie ein Drittel der Stadtbevölkerung. Erst unter der deutschen Besatzung, die 1941–44 Zigtausende von Juden das Leben kostete, wurde das blühende »Jerusalem des Ostens« ausgelöscht. Diese Tour führt zu einigen Schauplätzen jüdischer Geschichte.

Südwestlich der Altstadt informiert das **Zentrum für Toleranz** mit einer didaktisch gut aufbereiteten Dauerausstellung über jüdische Geschichte in Litauen (Naugarduko gatvė 10/2, Mo–Do 10–18, Fr, So 10–16 Uhr, www.jmuseum.lt). Ein paar Schritte weiter findet sich die Synagoge **17** › S. 64 mit einer Fotodokumentation zu den zerstörten jüdischen Gebetshäusern. Jenseits der Pylimo gatvė beginnt das **jüdische Viertel,** das sich im Norden bis etwa zur Stiklių gatvė erstreckte – vor dem Holocaust ein lebhafter Stadtteil mit jüdischen Geschäften, später ein Getto. Auf der Sv. Ignoto gatvė westwärts laufend erreicht man die Pamenkalnio gatvė, an der das **Holocaust-Museum 19** › S. 64 liegt. Hier wird unter dem treffenden Titel »Katastrophe« das Schicksal der litauischen Juden im Zweiten Weltkrieg dokumentiert. Letzte Station der Tour ist die 8 km außerhalb gelegene Gedenkstätte **Paneriai 20** › S. 64, im Zweiten Weltkrieg Schauplatz von Massenexekutionen.

Unterwegs in Vilnius

Nördliche Altstadt

Gediminas-Turm **1** [b2]

Der rekonstruierte, achteckige Turm auf dem Burgberg ist ein Relikt der Oberen Burg aus dem 14. Jh. Im Inneren dokumentiert ein kleines Museum Vilnius' Geschichte, von der Aussichtsplattform bietet sich ein herrlicher Panoramablick über die Altstadt (Mai–Sept. tgl. 10–19, Okt.–April 10–17 Uhr).

Kathedralenplatz ★

Der Kathedralenplatz (Arkikatedros aikštė) ist der beliebteste Treffpunkt der Stadt. Beherrscht wird er von der klassizistischen **St. Stanislaus-Kathedrale 2** [b2], die einem griechischen Tempel nachempfunden ist. Sie wurde auf den Fundamenten einer mittelalterlichen Kirche erbaut, die ihrerseits eine heidnische Kultstätte für den Donnergott Perkunas ersetzte. Nach zahlreichen Umbauten erhielt die Kathedrale ihre heutige Gestalt im 18. Jh. In der Sowjetzeit diente sie als Gemäldegalerie; erst 1989 wurde die Kirche den Gläubigen zurückgegeben. Ihr Glanzstück ist die barocke **Kasimir-Kapelle:** Fresken stellen Szenen aus dem Leben des litauischen Schutzheiligen dar, der hier 1602 beigesetzt wurde. **50 Dinge ㉓** › S. 15. Neben der Kathedrale erhebt sich der 57 m hohe,

Zur tempelartigen Kathedrale gehört der frei stehende Glockenturm

frei stehende **Glockenturm.** Er zählt zu den ältesten Gebäuden der Stadt: Sein Untergeschoss gehörte einst zu einem Turm der mittelalterlichen Stadtbefestigung.

Das **Nationalmuseum** 🟧**3** [b2] (Lietuvos Nacionalinis Muziejus) im Neuen Arsenal am Fuß des Burghügels dokumentiert die Geschichte Litauens von der Steinzeit bis in die Gegenwart und zeigt auch volkskundliche Exponate (Arsenalo 1, Di–So 10–18 Uhr, www.lnm.lt).

Im Alten Arsenal ist das **Museum für angewandte Kunst** 🟧**4** [b2] untergebracht, in dem neben Keramik, Glas, Textilien, Schmuck und Möbeln vor allem sakrale Kunst zu sehen ist (Arsenalo 3, Di–Sa 11–18, So 11–16 Uhr, www.ldm.lt).

Universität 🟧5 [b2]

Die 1579 als Jesuitenkolleg gegründete Universität, eine der ältesten in Europa, gruppiert sich um zwölf Innenhöfe. Ihre Gebäude zeigen alle Baustile vom 16. bis zum 20. Jh.

Besonders eindrucksvoll ist der **Große Hof** mit der **Johanniskirche** 🟧**6** [b2]. Sie wurde 1387 im gotischen Stil erbaut. Nach einem Brand im Jahr 1737 erhielt sie eine prächtige neue Barockfassade und einen Innenraum, der zu den schönsten dieser Epoche in Litauen zählt. Weil die Sowjets die Kirche zu einem Wissenschaftsmuseum umfunktionierten, sind noch immer ca. 50 alte Bücher ausgestellt, darunter einige frühe Beispiele der Druckkunst (Mo–Sa 10–17 Uhr). Heute wird hier wieder die Messe gelesen.

In den umliegenden Bauten ist die **Universitätsbibliothek** mit ihrem Bestand von fast 5 Mio. Bänden untergebracht. Sie besitzt zwei prächtige Lesesäle (Mo–Sa 9–21 Uhr).

Bernsteinmuseum 🟧7 [b2]

Im Bernsteinmuseum (Gintaro muziejus) ist zu sehen, was an den Stränden Litauens so schwer zu finden ist. In einem Gewölbekeller wird die Entstehung und Verarbeitung des Baltischen Goldes erklärt. In der angeschlossenen Verkaufsgalerie kann man Design und Schmuck aus Bernstein betrachten (Mykolo 8, tgl. 10–18 Uhr, www. ambergallery.lt).

Michaelskirche 8 [b2]

In der barocken Michaelskirche ist das **Museum für das kirchliche Kulturerbe** untergebracht, das sakrale Kunst, liturgische Geräte und Messgewänder zeigt (Mykolo 9, Di–Sa 11–18 Uhr, www.bpmuziejus.lt).

Gotischer Winkel ⭐ [b2]

Ein Meisterwerk der Backsteingotik ist die **St. Anna-Kirche** 9. Ihre mit Erkern und Türmchen reich verzierte Fassade wurde aus 47 verschiedenen Ziegelarten erbaut. Das Ergebnis ist leicht und filigran – fast ein bisschen überirdisch. St. Anna ist eine der schönsten Kirchen der Stadt; so schön, dass Napoleon sie angeblich am liebsten mit nach Paris genommen hätte (Mai–Sept. tgl. 11–19, sonst 17–19 Uhr). Ein neogotischer Glockenturm erhebt sich neben dem Baudenkmal, das mit der benachbarten **Bernhardinerkirche** ein einzigartiges Architekturensemble bildet. Das massive Bauwerk war als Wehrkirche in die Stadtbefestigung einbezogen.

Bohème-Viertel Užupis 10 [b/c3]

Das exzentrische Künstlerviertel Užupis erstreckt sich am anderen Ufer der Vilnia. Bis ins 19. Jh. war es Armenvorstadt, nach der Unabhängigkeit Litauens 1991 siedelten sich viele Maler, Bildhauer und Musiker an, die hier ihre eigene Republik gründeten › **Seitenblick unten.**

Zwischenstopp: Restaurant
Užupis Kavine 1 € [b3]
Im Sitz der Regierung von Užupis trifft sich Bohème-Publikum. Abends wird das Café zur Bar (bis 23 Uhr).
• Užupio 2 | 01200 Vilnius
  Tel. 5212 2138 | http://uzupiokavine.lt

SEITENBLICK

Die gut gelaunte Mini-Republik
Užupis besitzt alte Häuser, schöne Hinterhöfe, neue Galerien, hübsche kleine Geschäfte – und eine eigene Verfassung. Der Bohème-Stadtteil, der von den Sowjets verwahrlost zurückgelassen wurde, erklärte sich 1997 zur Republik. Die noch junge Unabhängigkeit der Nation wollten einige Užupier besonders intensiv auskosten – und zugleich das Individuum in seiner Einzigartigkeit feiern. Regierungssitz ist das Café »Užupis Kavine« gleich hinter der Brücke, die in den anarchischen Stadtteil führt › **oben.** In diesem traditionellen Künstlertreff wurde die Idee zum Staat im Staate geboren. Zu den rund 80 Botschaftern der eigenwilligen Republik zählt auch der Dalai Lama, der Vilnius 2001 besuchte. Bürger der Republik kann jeder werden – auch ohne Wohnsitz im Stadtgebiet von Vilnius. Denn Užupier ist man nicht kraft Brief, Siegel oder Wohnsitz, sondern aufgrund einer subversiven Geisteshaltung. Und die kann man schließlich überall pflegen.

Bezauberndes gotisches Ensemble: St. Anna- und Bernhardinerkirche

Südliche Altstadt

Didžioji gatvė

Das Zentrum der südlichen Altstadt bildet die Didžioji gatvė, die weiter südlich in die Aušros Vartu gatvė übergeht. Sie wird von eindrucksvollen Barockbauten gesäumt – den Auftakt bildet die orthodoxe **Nikolauskirche** 11 [b3].

Die 1604–16 erbaute, dem litauischen Schutzheiligen geweihte **Kasimirkirche** 12 [b3] am Rathausplatz ist die älteste Barockkirche der Stadt. Sie war im Laufe der Geschichte katholisches, orthodoxes und protestantisches Gotteshaus, um dann von den Sowjets zu einem Museum für Atheismus umfunktioniert zu werden. Heute gehört sie wieder den Gläubigen.

Hinter dem Rathaus zeigt das **Zentrum für Zeitgenössische Kunst (CAC)** 13 [b3] (Šiuolaikinio Meno Centras) Arbeiten junger Litauer ebenso wie internationale Ausstellungen zeitgenössischer Kunst. Mit über 2000 m² Fläche ist es der größte Ausstellungsort für moderne Kunst im Baltikum. Das Museumscafé hat sich als szeniger Künstlertreff etabliert (Vokiečių 2, Di–So 12–20 Uhr, www.cac.lt).

Aušros Vartu gatvė

Neben dem historistischen Gebäude der Philharmonie gelangt man durch einen Torbogen in den Innenhof des **Basilianerklosters** mit seinem schönen barocken Eingangsportal. Auf der gegenüberliegenden Straßenseite steht etwas erhöht die **Heiliggeistkirche** 14 [b3] aus dem 18. Jh., als Sitz des Erzbischofs die wichtigste orthodoxe Kirche Litauens. Ihr farbenprächtiges Inneres birgt wunderbare Fresken und eine aufwändig gestaltete Ikonostase.

Die von 1633–1650 erbaute **Theresienkirche** 15 [b3] ist mit Wand-

Die Aušros Vartu gatvė ist Vilnius' schönste Altstadtstraße

malereien des 18. Jh. geschmückt, ihr barocker Hochaltar gilt als einer der schönsten des Landes.

Zu den bedeutendsten katholischen Heiligtümern des Landes zählt das **Tor der Morgenröte** 16 [b4] (Aušros Vartai), das einzige noch erhaltene Tor der alten Stadtmauer. Die Torkapelle birgt ein Marienbild aus dem 16. Jh., das als wundertätig gilt und Pilgerziel für Tausende von Gläubigen ist.

Neustadt

Synagoge 17 [a3]
Die 1903 eingeweihte Choral-Synagoge ist das einzig erhaltene von einst 96 jüdischen Gebetshäusern in Vilnius. Zu der Gemeinde, die sich hier zum Gebet trifft, gehören heute wieder etwa 4000 Juden (Pylimo 39, geöffnet zu den Gottesdiensten 8.30 und 19.30 Uhr).

Genozid-Museum 18 [a2]
Das von der Gestapo und später vom KGB genutzte Gebäude beherbergt heute ein Museum, das Dokumente zu den Repressionen der Besatzungsregimes und zum litauischen Widerstand zeigt. Auch die früheren Erschießungskammern und Gefängniszellen können besichtigt werden (Aukų 2a, Mi–Sa 10–18, So 10–17 Uhr, www.genocid.lt).

Holocaust-Museum 19 [a2]
Mit anrührenden Exponaten wird hier an die grausam vernichtete jüdische Gemeinde in Vilnius und an die jüdische Kultur Litauens erinnert. Eine Sonderausstellung dokumentiert den Holocaust (Pamėnkalnio 12, Mo–Do 9–17, Fr 9–16, So 10–16 Uhr, Führungen auch auf Deutsch, www.jmuseum.lt).

Außerhalb des Zentrums

Gedenkstätte Paneriai 20
Die ca. 8 km südwestlich des Zentrums gelegene Gedenkstätte erinnert an 100 000 Menschen, die die Nazis zwischen 1941 und 1944 im Paneriai-Wald ermordeten. Etwa zwei Drittel von ihnen waren Juden. Ein kleines Museum zeigt Dokumente, Fotos und persönliche Gegenstände (Agrastų 17, Mai–Sept. Di–So 9–17 Uhr, sonst nach Voranmeldung unter Tel. 6808 1278, www. jmuseum.lt; mit dem Zug in Richtung Trakai, Haltestelle Paneriai).

Info

Touristeninformation Vilnius [a2]
- Vilniaus 22 | 01119 Vilnius
  Tel. 5262 9660
  Tgl. 9–18 Uhr
Filiale [b3]:
- Didžioji 31 | 01128 Vilnius
  Tel. 5262 6470
  Tgl. 9–12.30, 13.15–18 Uhr
  www.vilnius-tourism.lt

Verkehrsmittel

- **Flughafen:** Der übersichtliche Flughafen (www.vilnius-airport.lt) liegt
  nur 5 km südlich von Vilnius. Ein Taxi
  ins Zentrum kostet ca. 14 €, der Flug-
  hafenbus 1 €.
- **Bahnhof:** Geležinkelio 16. Links werden Fahrscheine fürs Inland, rechts
  fürs Ausland verkauft. Auskünfte und
  Ticketbuchung unter Tel. 7005 5111.
  Fahrpläne: www.litrail.lt.
- **Busbahnhof:** Sodų 22. Infos und Bu-
  chungen unter Tel. 1661, Fahrpläne:
  www.autobusustotis.lt. Internationale
  Routen werden von Eurolines bedient
  (www.eurolines.com).
- **Öffentlicher Nahverkehr:** Busse und
  Trolleys verkehren in kurzen Abständen in alle Winkel der Stadt. Linien
  und Fahrpläne: www.stops.lt.

Hotels

Radisson Blu Astorija €€€ **[b3]**
In bester Lage zwischen Tor der Morgenröte, Altem Rathaus und CAC bietet
das 2014 komplett renovierte Hotel jeden erdenklichen Luxus.
- Didžioji 35/2 | 01128 Vilnius
  Tel. 5212 0110
  www.radissonblu.de

Shakespeare Hotel €€€ **[b2]**
Komfortables Hotel in einer ruhigen Altstadtstraße. Die Zimmer sind nach großen Dichtern und Literaten benannt und
entsprechend eingerichtet.
- Bernardinų 8/8 | 01124 Vilnius
  Tel. 5266 5885
  www.shakespeare.lt

Stikliai Hotel €€€ **[b3]**
! Elegantes Hotel in einem mittelalterlichen Gebäude. Im Restaurant mit fran-
zösischer Küche tafeln auch Staatsgäste.
- Gaono 7 | 01131 Vilnius
  Tel. 5264 9595
  www.stikliaihotel.lt

Apia Hotel €€ **[a2]**
Nur 12 charmante Zimmer rund um
einen ruhigen Innenhof mitten in der
Altstadt.

SEITENBLICK

Ausflüge ab Vilnius

Die Hauptstadt ist auch Ausgangspunkt für attraktive Ausflüge, etwa zum **geografischen Mittelpunkt Europas › S. 73**, den ein auf Lichtungen im Wald angelegter Freilichtpark für moderne Kunst umgibt. Ein Höhepunkt jeder Litauen-Reise
ist **Trakai › S. 72**, das mit seinen malerischen Seen, duftenden Kiefernwäldern
und den mächtigen Backsteintürmen der Inselburg die Essenz der Schönheit Litauens bildet. Die archäologische Stätte **Kernavė › S. 73** mit ihren berühmten
fünf Burghügeln ist ein weiteres Ziel für eine abwechslungsreiche Tagestour. Schon
in prähistorischer Zeit besiedelt, gilt sie als Litauens älteste Hauptstadt.

- Šv. Ignoto 12 | 01120 Vilnius
  Tel. 6559 3285
  www.apia.lt

Restaurants
Medininkai €€€ [b3]
Ausgezeichnete internationale Küche in
einem Kellergewölbe aus dem 16. Jh. im
Hotel Europa Royale.
- Aušros Vartų 8 | 01304 Vilnius
  Tel. 6008 6491
  www.medininkai.lt

Marceliukės Klėtis €€
❗ In urigem Ambiente werden die
besten Cepelinai der Stadt serviert.
- Tuskulėnų 35 | 09219 Vilnius
  Tel. 5272 5087

Senoji Trobelė €€
Feine litauische Küche in einem gemütlichen Lokal mit freundlicher Bedienung
und schöner Sommerterrasse.
- Naugarduko 36 | 03228 Vilnius
  Tel. 6099 9002
  www.senojitrobele.lt

Forto Dvaras € [b2]
Bodenständige litauische Küche in einem
Gewölbekeller zu moderaten Preisen,
zentrale Lage.
- Pilies 16 | 01123 Vilnius
  Filialen: Kubiliaus 16, Ukmergės 369
  Tel. 6561 3688
  www.fortodvaras.lt

Shopping
Amber [b3]
Hier und im Bernsteinmuseum › **S. 61**
kann man qualitätvolle Bernsteinpro-
dukte erstehen.
- Aušros Vartų 9 | 01129 Vilnius
  www.ambergift.lt

Vilnius Antiques Centre [b2]
Erlesene Antiquitäten, darunter auch
Ikonen und Samoware.
- Dominikonų 16 | 01131 Vilnius
  www.antiques.lt

GO9 [a2]
In dem modernen Einkaufszentrum sind
auch diverse litauische Designer vertreten.
- Gedimino 9 | 01105 Vilnius
  ww.go9.lt

Lithuanian Design Block
Zusammenschluss litauischer Designer,
die hier ihre Arbeiten präsentieren.
- T. Sevcenkos 16a | 03111 Vilnius
  www.lithuaniandesignblock.com

Nightlife
Sky Bar
Cocktailbar im 22. Stock des Radisson
Blu Hotel Lietuva.
- Konstitucijos 20 | 09308 Vilnius
  Tel. 5231 4823 | www.radissonblu.lt
  So–Do 17–24, Fr, Sa 17–2.30 Uhr

Pabo Latino [a3]
Schicker Treff mit heißer Latin-Musik.
- Trakų 3/2 | 01132 Vilnius
  Tel. 5262 1045
  www.pabolatino.lt
  Mi 20–1, Do 20-3, Fr, Sa 20–5 Uhr

Brodvėjus [a3]
Kneipe und Klub in einem; oft Live Acts.
- Vokiečių/Mėsinių 4 | 01133 Vilnius
  Tel. 6525 7790
  www.brodvejus.lt
  Di 21–3, Mi, Do 21–4, Fr, Sa 21–5,
  So 21–3 Uhr

Erinnern an die Sahara: Wanderdünen
am Kurischen Haff

LITAUEN

Kleine Inspiration

- **Picknicken** unter duftenden Kiefern – bei Trakai am Ufer des Galvė-Sees › S. 72
- **Auf dem Berg der Kreuze** darüber staunen, was Glaube gegen ein repressives Regime vermag › S. 74
- **Im traditionsreichen Kurort Druskininkai** in sprudelndem Mineralwasser baden › S. 77
- **Die Dämmerstunde** auf der Großen Düne der Kurischen Nehrung erleben – ein magischer Augenblick › S. 83

Litauen besitzt eine der spektakulärsten Küstenland-
schaften Europas: die Kurische Nehrung mit ihren himmelhohen Dünen. Das Binnenland prägen Wälder und
schilfbestandene Seen.

Das berühmteste Stück Litauens ist neben der Hauptstadt eine schmale lange Landzunge, die Kurische Neh-rung. Hier lässt sich leicht ein gan-zer Urlaub verträumen: Die lichten Kiefernwälder, himmelhohen Dü-nen und bunten Blumengärten vor den alten Fischerkaten beschwören das Bild längst vergangener Zeiten. Auch am Festland bietet die Küs-te Abwechslung: Die urwüchsige Landschaft des Memeldeltas lädt zu Wanderungen und Bootsausflügen ein. Im Badeort Palanga tobt das Leben auch noch lange nach Son-nenuntergang.

Im Zentrum des Landes liegt mit dem Berg der Kreuze die bedeu-tendste Pilgerstätte des katholischen Litauens. Dicht bewaldetes Hügel-land und zahlreiche Seen umgeben die heimliche Hauptstadt Kaunas. Ein Höhepunkt jeder Litauenreise ist Trakai mit seinen malerischen Seen, duftenden Kiefernwäldern und den mächtigen Backsteintür-men der Inselburg.

Wälder und schilfgesäumte Seen prägen auch Litauens Süden. Beson-ders idyllisch präsentieren sich die an Memel-Schleifen gelegenen Kur-orte Birštonas und Druskininkai. Östlich von Druskininkai erstreckt sich der Dzūkija-Nationalpark, der Sumpfwälder und Litauens größtes Hochmoor unter Schutz stellt.

Touren in Litauen

 ## Höhepunkte Litauens

Route: Vilnius › Trakai › Kaunas
› Berg der Kreuze › Klaipėda
› Nida › Palanga › Vilnius

Karte: Seite 70
Distanzen: 688 km; 7 Tage
Praktische Hinweise:
• Die Tour lässt sich mit dem Auto
oder per Überlandbus realisieren.

• Zwischen Klaipėda und der Kurischen Nehrung verkehren regelmäßig Personen- (Alter Hafen) und
Autofähren (Neuer Hafen) › S. 81.

Tour-Start:

Der erste Tag ist dem barocken Kleinod **Vilnius** › S. 56 gewidmet, wo man nach einem ausgiebigen Bummel durch die Altstadt auch die Nacht verbringt. Anderntags geht es zur Wasserburg **Trakai** **1** › S. 72, dem berühmten litauischen Wahrzeichen. Nachdem man den Palas besichtigt und die herrliche Seenlandschaft genossen hat, fährt man zurück in die Hauptstadt (Übernachtung). Nächstes Etappenziel der Tour ist das betriebsame **Kaunas** 7 › S. 75 mit einer schönen Altstadt und mehreren sehenswerten Museen (Übernachtung). Von dort führt der Weg zum **Berg der Kreuze** 6 › S. 74, der bedeutendsten Pilgerstätte im katholischen Litauen. Gegen Abend wird die hübsche Hafenstadt **Klaipėda** 14 › S. 80 angesteuert (Übernachtung), von wo man am nächsten Morgen zur **Kurischen Nehrung** › S. 82 übersetzt. Hier warten mit der Großen Düne und dem verträumten Fischerdorf **Nida** 17 › S. 83 zwei Höhepunkte einer jeden Litauenreise (Übernachtung). Wesentlich lebhafter geht es im bekannten Badeort **Palanga** 13 › S. 78 auf dem Festland zu, den man am nächsten Tag ansteuert. Je nach Witterung legt man einen Strandtag ein oder besichtigt das Bernsteinmuseum (Übernachtung hier oder in Klaipėda). Auf der A1 gelangt man am letzten Tag schnell zurück nach Vilnius.

 Radtour an der Küste

Route: Palanga › Klaipėda › Nida › Klaipėda › Insel Rusnė

Karte: Seite 70
Distanzen: 179 km; 4–5 Tage

Praktische Hinweise:
• Litauens erster Küstenradweg ist durchgängig markiert (Fahrradsymbol und Nr. 10 auf blauem Grund).
• In Klaipėda kann man mit dem Rad die Fähre vom Alten Hafen im Stadtzentrum nehmen.

Tour-Start:
Vom beliebten Ostseebad **Palanga** 13 › S. 78 aus radelt man an einer 20 m abfallenden Steilküste entlang gemächlich gen Süden. In **Klaipėda** 14 › S. 80 sollte man eine Übernachtung einplanen, um die hübsche Hafenstadt in aller Muße erkunden zu können. Mit der Fähre geht es anderntags auf die **Kurische Nehrung** › S. 82, wo ein asphaltierter Weg zur ehemaligen Künstlerkolonie **Nida** 17 › S. 83 führt. Stopps lohnen u.a. der Hexenberg bei **Juodkrante** 16 › S. 82 mit Figuren aus der litauischen Sagen- und Märchenwelt, der Reiherberg, auf dessen Bäumen Reiher und Kormorane nisten, sowie die Toten Dünen bei Pervalka. In Nida sollte man mindestens eine, besser aber zwei Übernachtungen einplanen, bevor es nach Klaipėda zurückgeht. Von dort radelt man am Haff entlang nach **Šilutė** 18 › S. 84 im Memeldelta; die freundliche Kleinstadt wird von einer wunderschönen Heide- und Moorlandschaft umgeben (Übernachtung). Letzte Station der Tour ist die zwischen zwei Flussarmen gelegene Insel **Rusnė** mit alten Fischerhäusern aus Holz und einem Leuchtturm aus dem 19. Jh.

Touren in Litauen

Tour ④ Höhepunkte Litauens Vilnius › Trakai › Kaunas › Berg der Kreuze › Klaipėda › Nida ›
Palanga › Vilnius

Karte
S. 70

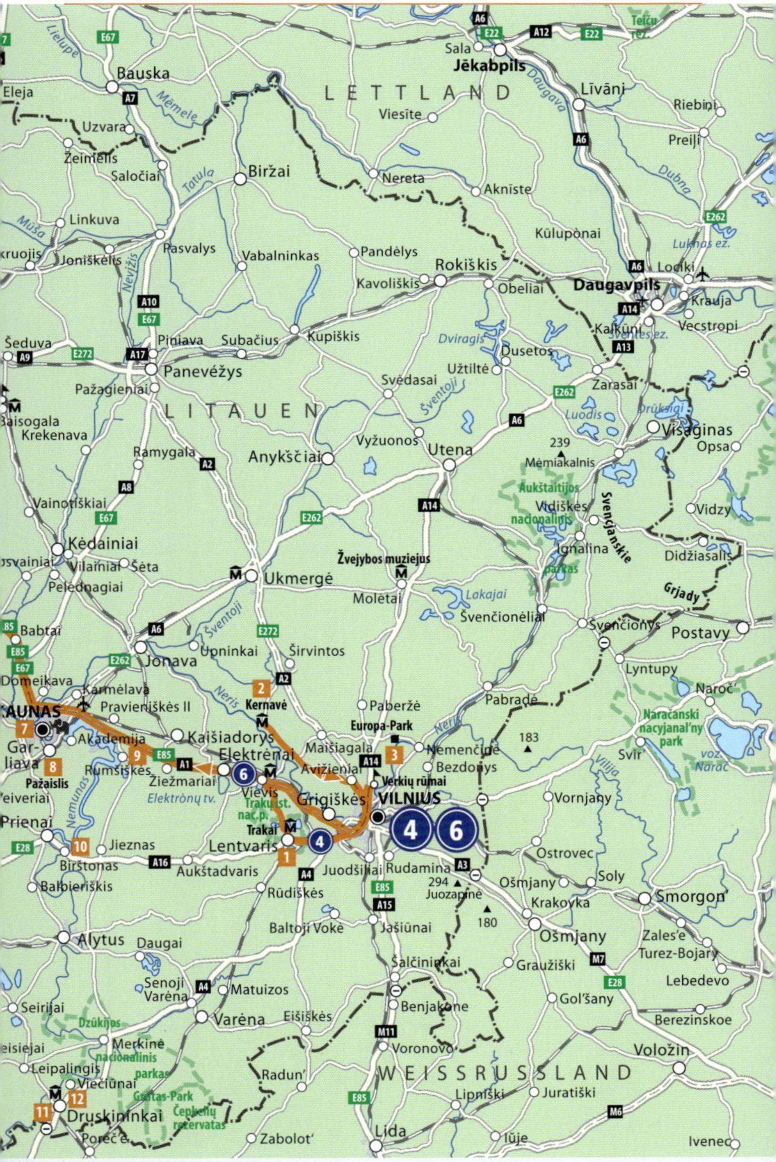
LETTLAND
LITAUEN
WEISSRUSSLAND
Bauska
Eleja
Uzvara
Žeimelis
Saločiai
Biržai
Linkuva
Joniškėlis
Pasvalys
Vabalninkas
Pandėlys
Rokiškis
Kavoliškis
Obeliai
Jēkabpils
Sala
Viesīte
Nereta
Aknīste
Līvāni
Riebiņi
Preiļi
Kūlupònai
Daugavpils
Locki
Krauja
Kalkūni
Vecstropi
Šeduva
Piniava
Subačius
Kupiškis
Panevėžys
Pažagieniai
Svėdasai
Dusetos
Užtiltė
Zarasai
Visaginas
Opsa
Baisogala
Krekenava
Ramygala
Anykščiai
Vyžuonos
Utena
Mėmiakalnis
239
Aukštaitijos
nacionalinis
parkas
Vidiškės
Ignalina
Svenčjanskie
Grjady
Vidzy
Didžiasalis
Vainotiškiai
Kėdainiai
Vilainiai
Šeta
Pelėdnagiai
Ukmergė
Žvejybos muziejus
Molėtai
Lakajai
Švenčionėliai
Švenčionys
Postavy
Babtai
Jonava
Upninkai
Širvintos
Lyntupy
Domeikava
Karmėlava
Pravieniškės II
Kernavė
Paberžė
Europa-Park
Pabradė
Naroč
KAUNAS
Akademija
Kaišiadorys
Elektrėnai
Maišiagala
Nemenčinė
183
Naracanski nacyjanal'ny park
Svir'
Garliava
Pažaislis
Rumšiškės
Žiežmariai
Vievis
Avižieniai
Bezdonys
Verkių rūmai
Elektrėnų tv.
Trakų ist. nac.p.
Trakai
Grigiškės
VILNIUS
Vornjany
Prienai
Jieznas
Lentvaris
Birštonas
Aukštadvaris
Juodšiliai
Rudamina
Ostrovec
Balbieriškis
Rūdiškės
294
Juozapinė
Ošmjany
Soly
Krakovka
Smorgon'
Baltoji Vokė
Jašiūnai
180
Alytus
Daugai
Ošmjany
Zales'e
Turez-Bojary
Šalčininkai
Graužiški
Senoji Varėna
Matuizos
Lebedevo
Benjakone
Gol'šany
Seirijai
Varėna
Eišiškės
Berezinskoe
Dzūkijos nacionalinis parkas
Merkinė
Voronovo
Voložin
Leipalingis
Viečiūnai
Radun'
Lipniški
Juratiški
Grūtas-Park
Druskininkai
Čepkelių rezervatas
Porеče
Zabolot'
Lida
Iūje
Ivenec
Lielupe
Mēmele
Tatula
Mūša
Nevėžis
Daugava
Dubna
Lukna ez.
Šventoji
Dviragis
Drūkšiai
Luodis
Neris
Nemunas
Vilija
voz. Narač
E67
E22
E262
E272
E85
E28
E28
A1
A2
A4
A6
A8
A10
A12
A13
A14
A15
A16
A17
M6
M7
M11
A3
A7
A9

Tour 5 **Radtour an der Küste** Palanga › Klaipėda › Nida › Klaipėda › Insel Rusnė

Tour 6 **Hauptstädte und Königreiche** Vilnius › Trakai › Kernavė › Kaunas › Klaipėda › Nida › Palanga › Vilnius

Hauptstädte, Königreiche

Route: **Vilnius** › **Kernavė** › **Trakai** › **Kaunas** › **Klaipėda** › **Kurische Nehrung / Nida** › **Palanga** › **Vilnius**

Karte: Seite 70
Länge: 715 km; 7 Tage
Praktische Hinweise:
• Diese Tour verbindet einige der Highlights von Litauen mit einem Schnelldurchlauf durch die wechselvolle Geschichte des Landes.

Tour-Start:

Startpunkt der Tour ist **Vilnius** › S. 56, dessen Sehenswürdigkeiten der erste Tag gewidmet ist. Am zweiten Tag führt der Weg zur ar-chäologischen Stätte **Kernavė** **2** › S. 73, Litauens ältester, nachweislich bereits vor 800 Jahren besiedelter Hauptstadt. Den dritten Tag verbringt man in **Trakai** **1** › S. 72, das vor Vilnius Residenz des Fürstentums Litauen war (Übernachtung in Vilnius). Nächstes Etappenziel ist **Kaunas** **7** › S. 75 (Übernachtung), zwischen den Weltkriegen Regierungssitz der jungen Republik. Von hier steuert man **Klaipėda** **14** › S. 80 an, einstmals die Metropole des Memellandes (Übernachtung). Am nächsten Morgen setzt man auf die Nehrung über und reist zur Inselhauptstadt **Nida** **17** › S. 83 weiter. Die nördlich von Klaipėda gelegene litauische Sommerhauptstadt **Palanga** **13** › S. 78 ist letzte Station der Reise, bevor man nach Vilnius zurückkehrt.

Unterwegs in Litauen

Litauens Osten

Trakai **1** ⭐ **2** [E9]

Seine einstige Bedeutung ist dem Städtchen (6000 Einw.) zwar nicht mehr anzusehen, doch bevor Fürst Gediminas die Residenz nach Vilnius verlegte, war Trakai Hauptstadt des Großfürstentums Litauen.

Inselburg

Die Wasserburg Trakai ist Litauens Wahrzeichen. Sie liegt auf einer Insel im Galvė-See und ist nur zu Fuß über eine Holzbrücke zu erreichen. Die Festung wurde im 14. Jh. als Bollwerk gegen die Ordensritter errichtet und mehrfach ausgebaut, bevor russische Truppen sie 1655 schleiften. In den 1950er-Jahren wurde die Anlage aufwändig rekonstruiert. Heute beherbergt sie ein historisches Museum. Ein beschilderter Rundweg führt durch den Palas (Mai–Sept. tgl. 10–19, März, April und Okt. Di–So 10–18, sonst Di–So 10–17 Uhr, www.trakaimuziejus.lt).

Am Seeufer können Tret- und Ruderboote ausgeliehen werden; gut markierte Wege laden zu Wanderungen durch die wundervolle Seenlandschaft ein.

Idyllisch liegt das Wasserschloss Trakai im Galvė-See

Historischer Stadtkern

Von der ebenfalls im 14. Jh. erbauten **Halbinselburg** am Seeufer sind nur Ruinen erhalten. Die **Vytautas-Kirche** wurde 1409 vom litauischen Großfürsten gestiftet, ihre gotische Fassade bereitet kaum auf die barocke Pracht im Inneren vor.

Im Norden der Halbinsel ist ein kleines **Ethnografisches Museum** den Karäern gewidmet, einer jüdischen Splittergruppe (Karaimu 22, Mi–So 10–18 Uhr). Sie lebten ursprünglich auf der Krim, bevor Fürst Vytautas sie als Leibgardisten nach Trakai holte. Noch heute wohnen einige Karäer in der Altstadt.

Hotel

Salos €€
Preiswertes Hotel in Seenähe mit Restaurant, Sauna, Pool und Nachtklub.
• Kranto 5b | 21104 Trakai
  Tel 5285 3990
  www.salos.lt

Restaurant

Kybynlar €
Traditionelle Küche der Karäer.
• Karaimu 29 | 21104 Trakai
  Tel. 6980 6320 | www.kybynlar.lt

Kernavė 2 ⭐ [E9]

Kernavė ist die älteste Hauptstadt des Landes. Auf der 40 km nordwestlich von Vilnius gelegenen, zum UNESCO-Weltkulturerbe zählenden archäologischen Stätte wurden Siedlungsreste gefunden, die auf das 10. Jh. v. Chr. zurückgehen. Andere entstammen dem frühen Mittelalter (Juni–Aug. Mi–So 10–18, April/Mai, Sept./Okt. Di–Sa 10–18, sonst Di–Sa 10–16 Uhr, www.kernave.org).

Europa-Park 3 [E9]

19 km nördlich von Vilnius liegt das geografische Zentrum Europas. 1991 legte der litauische Künstler Gintaras Karosas hier den Europa-Park an – eine Art Freilichtmuseum für

Der Berg der Kreuze ist zugleich Pilgerziel und nationale Gedenkstätte

aufgebaut. Ein Prunkstück blieb jedoch erhalten: die Kirche St. Peter und Paul, ein schöner Renaissancebau mit 70 m hohem Glockenturm.

Info

Touristeninformation Šiauliai
• Vilniaus 213 | 76348 Šiauliai
Tel. 4152 3110 | www.siauliai.lt

Hotel

Šaulys €€
Modernes, komfortables Hotel im Zentrum. Bewachter Parkplatz, Restaurant.
• Vasario 16 | 76351 Šiauliai
Tel. 4152 0812 | www.saulys.lt

Restaurant

Juonė Pastuogė €
Deftige regionale Küche in rustikalem Ambiente; abends Livemusik.
• Aušros 31a | 76300 Šiauliai
Tel. 4152 4926

moderne Kunst. Auf Lichtungen im Wald sind heute über 100 Arbeiten von Künstlern aus aller Welt ausgestellt. Ein von Karosas gestaltetes Monument zeigt Entfernungen zu den europäischen Metropolen an (tgl. 10 Uhr bis Sonnenuntergang, www.europosparkas.lt, nettes Café).

Zentral-Litauen

Telšiai 4 [C7] und Šiauliai 5 [D7]

Eine ländliche Idylle aus Feldern, Wäldern und Seen umgibt den Bischofssitz **Telšiai**, eine der ältesten Städte des Landes. Wegen ihrer schönen Lage auf Hügeln am Fluss Durbinis lohnt ein Stopp. Sehenswert ist der Bischofsdom, ein spätbarocker Bau mit achteckigem Turm.

In **Šiauliai** (113 000 Einw.) besiegte Fürst Mindaugas 1236 den Schwertritterorden. Die Altstadt wurde im Zweiten Weltkrieg weitgehend zerstört und nicht wieder

Berg der Kreuze 6 ⭐ [D7]

Etwa 20 km nordwestlich von Šiauliai liegt der wichtigste Wallfahrtsort der gläubigen Litauer. Seit dem 19. Jh. stellen Pilger auf dem Hügel am Kulpė-Ufer Kreuze auf, aus allen erdenklichen Materialien, mit Rosenkränzen und Heiligenbildern behängt. Sie symbolisieren eine Bitte oder sind Ausdruck des Danks. Die Sowjets versuchten das Denkmal zu zerstören, konnten die Kreuze jedoch nicht so schnell niederreißen, wie sie von den Gläubigen wieder aufgerichtet wurden – auf eindrucksvolle Weise verbündeten sich hier Frömmigkeit und politischer Widerstand.

Kaunas 7 ⭐ [E9]

Idyllisch liegt Kaunas zwischen grünen Hügeln am Zusammenfluss von Neris und Nemunas. Die Altstadt gehört mit ihren Kirchen und restaurierten Bürgerhäusern zu den schönsten des Baltikums. Mit ihren 321 000 Einwohnern, den sechs Hochschulen und einem regen Kulturleben sieht sich die Stadt gern als heimliche Hauptstadt Litauens. Nach dem Ersten Weltkrieg, als Vilnius zu Polen gehörte, war sie es tatsächlich. Immerhin 20 Jahre – von 1920 bis 1940 – währte das Provisorium.

Altstadt

Die verkehrsberuhigte Vilniaus gatvė lädt mit Geschäften und Cafés zum Bummeln ein. Sie führt zum **Rathausplatz** (Rotušės aikštė), den mittelalterliche Kaufmannshäuser säumen. Das 1542 errichtete **Rathaus** wird seiner schlanken Architektur wegen im Volksmund »Weißer Schwan« genannt und gleicht eher einer Kirche als einem Verwaltungsbau. Heute sind hier das Standesamt und ein **Keramikmuseum** untergebracht, das die Entwicklung der litauischen Töpferkunst dokumentiert (Di–So 11–17 Uhr).

Das **Perkūnas-Haus** an der Südseite des Platzes ist ein Juwel der Spätgotik; die im oberen Teil üppig verzierte Fassade wurde aus 16 verschiedenen Ziegelarten erbaut. Von hier erreicht man die gotische **Vytautas-Kirche** am Fluss, ein Backsteinbau aus dem frühen 15. Jh., mit der die spät christianisierten Litauer beeindruckt werden sollten.

Jenseits des Rathausplatzes stehen die Überreste der **Kaunasser Burg.** Sie wurde im 13. Jh. errichtet, um deutsche Kreuzritter abzuwehren. Im Laufe der Geschichte wurde sie mehrmals belagert; das Hochwasser der Neris tat ein Übriges. Die gotische **Kathedrale St. Peter und Paul** an der Vilniaus gatvė wurde ab 1408 errichtet und über die Jahrhunderte mehrfach umgebaut. Aus der Entstehungszeit blieben nur die schönen Netzgewölbe in Hauptschiff und Chor erhalten.

❗ Erstklassig

Das Baltikum gratis entdecken

• Im Baltikum ist das **Couchsurfing** weit verbreitet. Viele Letten, Esten und Litauer sind so bereits um die halbe Welt gereist und stellen, wie üblich, auch selbst ein Bett in ihrer Wohnung zur Verfügung (Infos unter www.couchsurfing.com).

• **Kostenlose Stadtführungen** auf Englisch in Vilnius (Start: Rathaus, Didžioji 31), Rīga (Start: Petrikirche) und Tallinn (Start: TIC Niguliste 2) organisiert Free Yellow Tours (tgl. 12 Uhr, Dauer 2–3 Std., http://freetour.traveller.ee).

• Estland ist ein WLAN-Paradies – der nächste Wifi.ee-Hotspot ist nie weit entfernt. **Kostenlosen Internetzugang** hat man nicht nur in Cafés, sondern auch in Supermärkten, Tankstellen, Zügen und Bussen, auf Plätzen und in Parks (Karte unter http://wifi.ee).

In der Altstadt von Kaunas stammen viele Häuser noch aus dem 16. Jh.

M. K. Čiurlionis-Museum

Dem bekanntesten litauischen Maler und Komponisten › **S. 47** ist in der Neustadt ein Museum gewidmet. Zu sehen sind ca. 300 Zeichnungen und Gemälde, auch seinen Symphonien kann man lauschen. (Putvinskio 55, Di–So 11–17, Do 11–19 Uhr, www.ciurlionis.lt).

Teufelsmuseum

In den Glasvitrinen dieses einzigartigen Museums sind über 2000 Teufel aus der ganzen Welt versammelt. Bis heute wird die Sammlung ständig erweitert – zu verdanken ist sie dem Maler Antanas Žmuidzinavičius (1876–1966), dessen Arbeiten hier ebenfalls zu besichtigen sind (Putvinskio 64, Juni–Sept. Di–So 11–17, Do 11–19 Uhr).

Info

Touristeninformation Kaunas
- Laisvės 36 | 44240 Kaunas
  Tel. 3732 3436 | www.kaunastic.lt

Hotels

Daugirdas €€€

Stilvolles Hotel in der Altstadt mit historischem Flair, das zugehörige Restaurant ist in einem Kellergewölbe aus dem 16. Jh. untergebracht.
- Daugirdo 4 | 44279 Kaunas
  Tel. 3730 1561
  www.daugirdas.lt

Perkūno Namai €€

Modernes Ambiente; schöne Lage auf einem Hügel unter Eichen. Restaurant mit Sommerterrasse.
- Perkūno 61 | 44226 Kaunas
  Tel. 3732 0230
  www.perkuno-namai.lt

Restaurants

Medžiotojų Užeiga €€

Gepflegtes Restaurant am Rathausplatz; auf der Karte stehen neben litauischen Spezialitäten auch viele Wildgerichte.
- Rotušės 10 | 44280 Kaunas
  Tel. 3732 0956
  www.medziotojai.lt

Avilys €
Litauische Küche und hausgebrautes
Bier in einem Keller in der Altstadt.
• Vilniaus 34 | 44287 Kaunas
  Tel. 6550 2626 | www.avilys.lt

Kloster Pažaislis 8 [E9]

Das Kloster Pažaislis (Pažaislio vienuolynas) zählt zu den schönsten
Barockanlagen in Litauen. Es wurde
zwischen 1664 und 1719 von italienischen Baumeistern für den Kamaldulenserorden errichtet, der als
besonders streng galt. Noch heute
existieren zwei der schlichten Eremitagen, in die sich die Mönche zu
lebenslanger Andacht einmauern
ließen (Di–Fr 10–17, Sa 10–16 Uhr,
www.pazaislis.org).

Freilichtmuseum Rumšiškės 9 [E9]

In dem 20 km östlich von Kaunas
gelegenen Freilichtmuseum sind
Szenen dörflichen Lebens aus allen
vier historischen Regionen Litauens nachgestellt. Die meisten der
140 Gebäude sind originalgetreu
ausgestattet. Regelmäßig finden
Handwerksvorführungen statt, am
Wochenende kann man Volksmusikkonzerte und Tanzabende genießen. In einer Dorfschänke wird
traditionell gekocht (Mai–Sept. tgl.
10–18 Uhr, www.llbm.lt).

Birštonas 10 [E9]

Der kleine Kurort (3200 Einw.) liegt
malerisch in einer Nemunas-Schleife. Sein mildes Klima und die ruhige
Lage inmitten dichter Kiefernwälder machen ihn zur Erholungsoase.
Seit 1846 stehen die Mineralquellen

der Gegend im Dienst der Gesundheit. Die meisten Besucher lockt jedoch die umgebende Natur: Unmittelbar an Birštonas schließt der
Nemunas-Regionalpark an, wo man
auf ausgeschilderten Wegen wandern und dabei Beeren und Pilze
suchen kann.

Info

Touristeninformation Birštonas
• B. Sruogos 4 | 59209 Birštonas
  Tel. 3196 5740
  www.visitbirstonas.lt

Hotel

Versmė €
Postsozialistisches Kurhotel (Schlammbäder, Unterwassermassagen). Restaurant mit schöner Terrasse.
• B. Sruogos 9 | 59209 Birštonas
  Tel. 3196 5673
  www.versme.com

Druskininkai 11 [E10]

Der bedeutendste Kurort des Landes
wird vor allem wegen seiner Mineralquellen besucht. Elegante Holzvillen, Parks und das schöne Nemunas-Ufer prägen sein Bild. Östlich
der Stadt erstreckt sich der **Dzūkija-
Nationalpark,** der Sumpfwälder und
Litauens größtes Hochmoor schützt.
50 Dinge 32 › S. 15.

Der Maler und Komponist Mikalojus Konstantinas Čiurlionis › **S. 47**
verbrachte in Druskininkai prägende
Jahre. Sein Elternhaus in der Čiurlionio gatvė 35 beherbergt heute das
Čiurlionis-Museum mit einer Ausstellung zu Leben und Werk des Künstlers (Di–So 11–17, Do 11–19 Uhr,
www.ciurlionis.lt).

Bernsteinmuseum in Palanga

In derselben Straße informiert das **Girios Aidas-Museum** über die Flora und Fauna der umliegenden Wälder (Nr. 116, Di–So 10–17 Uhr, www.dmu.lt).

Info

Touristeninformation Druskininkai
• Čiurlionio 65 | 66142 Druskininkai
  Tel. 3135 1777
  http//:info.druskininkai.lt

Hotel

Spa Vilnius Sana €€
Wellnesshotel mit Schlammbädern, Kräuterbädern und Massage.
• K. Dineikos 1 | 66165 Druskininkai
  Tel. 3135 3811
  www.spa-vilnius.lt

Restaurant

Regina €€
Größtes Restaurant der Stadt, beliebter Treffpunkt. Internationale Küche.
• Kosčiuškos 3 | 66116 Druskininkai
  Tel. 3135 1243
  www.regina.lt

Grūtas-Park 12 [E10]

Ausrangierte Denkmäler sowjetisch-kommunistischer Helden haben in diesem etwas bizarren Freilichtmuseum eine letzte Ruhestätte gefunden. Da liegen nun die Köpfe von Lenin und Stalin, und auch dem einen oder anderen Marx und Engels wird hier Asyl gewährt. Eine Ausstellung erinnert an die Deportationen (Sommer tgl. 9–20, Winter 9–17 Uhr, www.grutoparkas.lt).

Ostseeküste

Palanga 13 [B8]

Im Winter hat der größte litauische Badeort 20 000 Einwohner, an Sommerwochenenden 200 000. Die Saison ist kurz und heftig: Von Ende Juni bis August tobt das Leben, dann senkt sich Ruhe über die Stadt. **50 Dinge** (8) › S. 12. Vor allem Einheimische lieben Palanga – **!** für seinen herrlichen Sandstrand fast so sehr wie für sein buntes Nachtleben. Die Basanavičiaus gatvė, die zum Strand führt, säumen Cafés, Bars, Spielsalons und Klubs – hier sieht Palanga ein bisschen aus wie Rimini. Nur, dass man unter Kastanien flaniert und beiderseits der Straße schöne alte Holzvillen stehen. Bei Sonnenuntergang trifft man sich am Pier, der 600 m weit ins Meer hineinragt. **50 Dinge** (26) › S. 15.

Bernsteinmuseum

Palangas Hauptattraktion, das Bernsteinmuseum, ist im einstigen Schloss des litauischen Grafen Tiškevičius untergebracht. Die ebenfalls auf den Grafen zurückgehende

Sammlung ist eine der umfangreichsten der Welt. 4500 Bernsteine sind in 15 Sälen ausgestellt, viele davon mit sog. Inklusen, Einschlüssen von kleinen Lebewesen oder Pflanzenresten. Zudem erfährt man Interessantes über Entstehung und Verarbeitung des »Ostseegoldes« (Juni–Aug. Di–Sa 10–20, So 11–19, sonst Di–Sa 11–17, So 11–16 Uhr, www.pgm.lt). Der Schlosspark ist heute ein Botanischer Garten mit hübschen Spazierwegen.

Info
Touristeninformation Palanga
• Vytauto 94 | 00132 Palanga
   Tel. 4604 8811 | www.palangatic.lt

Hotels
Baltic Inn €€€
Neueres Hotel in Strandnähe mit internationalem Restaurant, die modern ausgestatteten Zimmer verfügen sämtlich über einen Balkon.
• S. Daukanto 10a | 00135 Palanga
   Tel. 4604 8928
   www.balticinn.lt

Palanga Hotel €€€
Spa-Hotel mit Avantgarde-Architektur, Pool und Saunakomplex.
• Birutės 60 | 00135 Palanga
   Tel. 4604 1414
   www.palangahotel.lt

Restaurant
Žuvinė €€
Sehr gute Fischspezialitäten, wunderschöne Terrasse.
• Basanavičiaus 37a | 00135 Palanga
   Tel. 4604 8070
   http://zuvine.lt

Nightlife
Villa Ramybė
Schicke Hotelbar mit Kulturterrasse, im Sommer gelegentlich Live-Jazz.
• Vytauto 54 | 00132 Palanga
   www.vilaramybe.lt
   Tgl. 8–24 Uhr

Ramybės kultūros centras
Musikklub in einem alten Kino.
• Vytauto 35 | 00135 Palanga
   Tel. 8648 46042
   http://klubasramybe.lt

Die attraktivsten Strände

• **Palanga, Litauen** › S. 78.
   Beidseits der Seebrücke tobt abends das Partyleben.
• **Ostseestrand in Nida auf der Kurischen Nehrung** › S. 83.
   Gleich hinter dem Strand erstreckt sich ein Gürtel sonnendurchfluteten Mischwalds.
• **Jūrmala, Lettland** › S. 103.
   Am kilometerlangen Sandstrand ist viel Platz für buntes Beachlife.
• **Liepāja, Lettland** › S. 106.
   Dünenstrand mit dem wohl weißesten Sand des Landes.
• **Pärnu, Estland** › S. 136.
   Der feinsandige Strand fällt flach ab – ideal für Kinder.
• **Strand von Võsu im Lahemaa-Nationalpark** › S. 137.
   Dünen, duftende Kiefernwälder und ungestörte Einsamkeit.
• **Peipus-See in Estland** › S. 144.
   Man wähnt sich am Meer – nur das Wasser ist süß.

- **Busbahnhof:** Im Zentrum, Kretingos 1. Inlandsverbindungen u. a. nach Vilnius, Kaunas, Šiauliai und Klaipėda sowie Busse nach Liepāja und Rīga.

Klaipėda 14 [C8]

Vor 100 Jahren lebten fast so viele Deutsche wie Litauer in der Stadt, die damals Memel hieß. Man sieht es noch:»Germania-Speicher« ist in verblassten Lettern an einer alten Fassade am Danėufer zu lesen. 1923 fiel Klaipėda an Litauen, 1939 ging es an Deutschland zurück. Im Zweiten Weltkrieg wurde die Stadt stark zerstört, fast alle Einwohner flohen. Heute leben 161 000 Menschen in Klaipėda, das trotz des großen Industriehafens eine angenehme Kleinstadtatmosphäre bewahrt hat. Die Altstadt neben der Burg, in der noch vieles an die deutsche Vergangenheit erinnert, steht unter Denkmalschutz.

Altstadt

Die geometrisch angelegte Altstadt erstreckt sich am Südufer der Danė. Ihr Mittelpunkt ist der frisch restaurierte Theaterplatz (Teatro aikštė). Vor dem Simon-Dach-Brunnen mit der **Ännchen-Statue,** die das aus dem Volkslied bekannten Ännchen von Tharau darstellt, verkaufen Kinder die deutschsprachige Zeitung, die hier noch immer erscheint. Die ältesten Häuser der Stadt, darunter schöne Fachwerkbauten, sind in der Aukštoji gatvė zu bewundern. In der **Alten Post** (Nr. 13) kann man seine Urlaubsgrüße mit Sonderstempeln versehen lassen; im Nebenraum wird Kunsthandwerk gezeigt. Ausstellungen zeitgenössischer litauischer Kunst finden im restaurierten **Alten Speicher** statt (Nr. 3). Das nahe **Historische Museum von Klein-Litauen** (Mazosios Lietuvos istorijos muziejus) dokumentiert die Geschichte des Memellandes mit seiner von Litauern, Deutschen und Juden geprägten Kultur (Didžioji Vandens 2, Di–Sa 10–18 Uhr, www. mlimuziejus.lt).

Neustadt

Nördlich der Danė ist die Liepų gatvė (Lindenstraße) sehenswert, in der zur Gründerzeit vermögende deutsche Bankiers und Kaufleute residierten. Repräsentative Bauten des Historismus, Läden und Cafés säumen die hübsche, baumbestandene Allee. Eines der schönsten Gebäude (Nr. 16) ist das **Hauptpostamt** von 1893, ein neugotischer Bau mit Glockenspiel. Auf Kulturinteressierte warten das **Uhrenmuseum** (Nr. 12, Di–Sa 12–18, So 12–17 Uhr) und die **Gemäldegalerie** mit litauischer Kunst des 18.–20. Jhs. (Nr. 33, Di–Sa 12–18, So 12–17 Uhr). Am Ende der Straße liegt der **Skulpturenpark** (Mažvydo skulpturų parkas). An der Stelle des alten Zentralfriedhofs, den die Sowjets 1977 planierten, sind heute unter freiem Himmel die Arbeiten litauischer Bildhauer ausgestellt.

Info

Touristeninformation Klaipėda

- Turgaus 7 | 91247 Klaipėda
  Tel. 4641 2186
  www.klaipedainfo.lt

Bronzefigur des Ännchen von Tharau auf dem Theaterplatz in Klaipėda

Hotels

Hotel Amberton Klaipėda €€€
Großes, modernes Hotel am Hafen;
umfassendes Serviceangebot. Vom Grillrestaurant in der 12. Etage genießt man
einen schönen Panoramablick.
• Naujoji Sodo 1 | 92118 Klaipėda
  Tel. 4640 4372
  www.ambertonhotels.com/klaipeda

Navalis €€€
Komfortables, relativ neues Hotel in der
Altstadt, mit Pool.
• H. Manto 23 | 92234 Klaipėda
  Tel. 4640 4200
  www.navalis.lt

Restaurants

Friedricho €€
Malerischer Innenhof mit mehreren
Lokalen. Das Friedricho Restaurant ser-
viert feine mediterrane Küche.
• Tiltų 26a | 91246 Klaipėda
  Tel. 4630 1070
  www.pasazas.lt

Stora Antis €€
Familiengeführtes Lokal in einem urigen
Kellergewölbe mit litauischer und ost-
europäischer Küche.
• Tiltu 6 | 91248 Klaipėda
  Tel. 6862 5020
  www.storaantis.lt

Nightlife

Kurpiai
Beliebter Livemusik-Klub (Jazz, Rock,
Blues) mit kleiner Tanzfläche und ange-
schlossenem Restaurant.
• Kurpių 1a | 91248 Klaipėda
  Tel. 6785 9187
  http://jazzkurpiai.com

Verkehrsmittel

• **Fähren zur Kurischen Nehrung:**
  Vom Alten Hafen (Senoji perkėla) am
  südlichen Danėufer (Žvejų gatvė) nach
  Smiltynė (im Sommer 2-mal, im Winter
  1-mal stdl.), nur für Passagiere. Die
  Autofähre legt vom Neuen Hafen
  (Naujoji perkėla) im Stadtteil Smeltė

Die reizvollsten Wanderungen

....

- **Wanderung im Aukštaitija-Nationalpark** – der Weg führt von Paluše › S. 42 durch verwunschenen Wald zum idyllisch an einem See gelegenen Dorf Kaltanėnai (12 km; Info bei der Parkverwaltung in Paluše).
- **Čiurlionis-Weg im litauischen Dzūkija-Nationalpark** › S. 77. An einem lauschigen Waldweg machen 24 Skulpturen mit dem Werk des Künstlers bekannt (45 km; Info beim Tourismusbüro Druskininkai).
- **Küstenwanderung auf der Kurischen Nehrung** › S. 82: zwischen Haff und himmelhohen Dünen (Tourenvorschläge bei der Touristeninformation in Nida).
- **Strandwanderung im Westen Lettlands** – ob man am windumtosten Kap Kolka › S. 104 aussteigt oder in Ventspils › S. 105: Bis zum Horizont geht es weiter.
- **Võsu-Oandu-Weg im Lahemaa-Nationalpark** › S. 43, 137: entlang eines Biberflusses durch uralten, sich selbst überlassenen Wald (10 km; Info im Besucherzentrum in Palmse).
- Riesige Findlinge, stille Buchten: **Umrundung der Halbinsel Käsmu** › S. 43, 138 im estnischen Lahemaa-Nationalpark (14 km; Info im Besucherzentrum in Palmse).

ab (Nemuno gatvė 8, ausgeschildert); zu Stoßzeiten im Sommer alle 20 Min., im Winter alle 40 Min., sonst 1-mal stdl. Fahrpläne: www.keltas.lt; Info-Tel. 4631 1117, 6985 4050 (rund um die Uhr). Preise: pro Pkw 11,05 €, pro Fahrrad 0,80 €, pro Person 0,80 €.

Kurische Nehrung ⭐

Die berühmte Landzunge erstreckt sich über 98 km vor der Küste. An ihrer schmalsten Stelle ist sie 380 m breit, an der weitesten 2,8 km – das Rauschen der Ostsee ist fast überall zu hören. Ganz leicht verliert man hier das Zeitgefühl: Der Gegend mit Kiefernwäldchen, Dünen und schmucken Fischerdörfern haftet etwas Weltentrücktes an.

Achtung: Die Nehrung ist seit 1991 Naturschutzgebiet; Autotouristen müssen folgende Gebühren entrichten: 20. Juni–20. Aug. 8,69 €, sonst 5,79 €. Parken ist nur auf offiziellen Parkplätzen erlaubt.

Smiltynė 15 [B8] und Juodkrantė 16 [B8]

Smiltynė (Sandkrug) besitzt neben schönen Stränden ein Meeresmuseum mit Aquarium und Delfinarium (Juni–Aug. Di–So 10.30–17.30 Uhr, sonst kürzer). Weiter fährt man durch lichten Kiefernwald nach **Juodkrantė**, dem ältesten Ort der Nehrung ❗ mit 2 km langer Haffpromenade. Ein Rundweg führt vom südlichen Ortsrand auf den nahen **Hexenberg** (Raganu), entlang an bis zu 5 m hohen Holzschnitzfiguren, die litauischen Märchen entsprungen sind. Den Weg nach Pervalka begleiten große Wanderdünen.

Nida 17 [B8]

In Nida, dem schönsten Ort auf der Halbinsel, endet der litauische Teil der Nehrung. Seine außergewöhnliche Natur zog von jeher Künstler an, darunter Maler der expressionistischen Brücke. Berühmte Werke von Ernst Ludwig Kirchner, Karl Schmidt-Rottluff und Max Pechstein entstanden hier. Als Künstlertreff etablierte sich der traditionsreiche **Gasthof Blode,** wo auch Thomas Mann bei seinem ersten Besuch in Nida abstieg. Das Haus gehört heute zum Hotel Nidos Banga, man kann sich aber eine kleine Ausstellung ansehen (Skruzdynės 2, Mai–Okt. tgl. 9–19 Uhr).

Das reetgedeckte **Thomas-Mann-Haus** ließ der Schriftsteller 1930 auf dem »Schwiegermutterberg« erbauen, einem kleinen Hügel unweit der Kirche. Er war begeistert von der Aussicht. Heute ist das Haus ein Gedenkmuseum für den Nobelpreisträger (Skruzdynės 17, Mitte Mai–Mitte Sept. tgl. 10–18, übrige Zeit nur Di–Sa 10–17 Uhr, www.mann.lt).

Das Zentrum von Nida prägen alte Fischerhäuser, deren Fassaden im typischen Kurisch-Blau erstrahlen. Im hübschen Hafen liegen Kurenkähne mit geschnitzten Wimpeln. **50 Dinge** (6) › S. 12.

Große Düne ⭐

Von einzigartiger Schönheit ist die Große Düne, die mit 60 m zu den höchsten Europas zählt. Schneeweiße Sandberge fallen steil zum Wasser hin ab; **!** vom Gipfel hat man einen wundervollen Blick auf Haff und Ostsee. Im Süden Nidas

Dünenwüste auf der Nehrung

beginnt am Strand eine Holztreppe, die über 159 Stufen auf die Düne führt. Weniger beschwerlich ist der Weg durch die Naglių gatvė und das anschließende Kiefernwäldchen am Urbo-kalnas-Hügel. Zum Schutz der Düne darf man die befestigten Wege nicht verlassen.

! Die besten Bademöglichkeiten bietet die Ostseeküste, die man auf einem Fußpfad durch den Wald in ca. 15 Min. erreicht. Die Blaue Flagge signalisiert gute Wasserqualität.

Info

Touristeninformation Nida
• Taikos 4 | 93121 Neringa
  Tel. 4695 2345
  www.visitneringa.com

Hotels

Die wenigen großen Hotels sind meist unschöne Kästen aus der Sowjetzeit; netter sind Privatunterkünfte (Verzeichnis bei der Touristeninformation). Im Juli und August unbedingt vorausbuchen!

83

Miško namas €€

Schöne, den alten Fischerkaten nachempfundene Holzvilla mit Garten.

• Pamario 11 | 93124 Neringa
  Tel. 4695 2290
  www.miskonamas.com

Nidos Banga €€

Der einstige Künstlertreff bietet einen tollen Blick aufs Haff und ist heute in mehrere Pensionen aufgeteilt.

• Skruzdynės 2 | 93123 Neringa
  Tel. 4695 2221
  www.hotelbanga.lt

Restaurants

Nidos Seklyčia €€€

Litauische und internationale Küche bei schönem Blick auf Dünen und Haff.

• Lotmiškio 1 | 93123 Neringa
  Tel. 4695 0000
  www.neringaonline.lt

Sena sodyba €€

Hübsches Gartenlokal mit frischen Fischspezialitäten wie Aalschaschlik; gutes Preis-Leistungs-Verhältnis. Nur während der Saison geöffnet.

• Naglių 6 | 93123 Neringa
  Tel. 6521 2345
  www.senasodyba.lt

Memeldelta

Die stille Natur rund um das weit verzweigte Memeldelta prägt vor allem das Zusammenspiel von Land und Wasser. ❗ Kleine Fischerorte säumen die Haffküste, in die sanften Hügel des Hinterlandes liegen verträumte Dörfchen eingebettet.

Die Memelregion ist in den Sommermonaten ein lohnendes Ziel für Wanderer (Karten bei der Touris-

teninformation in Šilutė). Als Ausgangsbasis für Exkursionen empfiehlt sich das Städtchen **Šilutė** 18 [C8] (Heydekrug), das in einer wunderschönen Heide- und Moorlandschaft liegt. Der Zauber der Gegend teilt sich auch in **Minija** 19 [C8] mit, einem noch recht ursprünglichen Fischerdorf am Ufer des gleichnamigen Flusses. In **Ventė** 20 [C8] steht ein 1863 erbauter Leuchtturm, der einen schönen Blick auf die Nehrung bietet. In einer ornithologischen Station werden Vögel beringt; dazu gehört eine kleine Ausstellung (Führung nach Anmeldung unter Tel. 4417 5050).

Info

Touristeninformation Šilutė

Vermittlung von Privatunterkünften.

• Lietuvininkų 4 | 99179 Šilutė
  Tel. 4417 7785
  www.siluteinfo.lt

Hotels

Kintai €€

Freundliches Hotel mit Bootsverleih, Angel- und Jagdausflüge.

• Kuršių 11 | 99358 Kintai (Bezirk Šilutė)
  Tel. 4416 9510
  www.kintai.lt

Deims €

Zentral gelegen; renovierte Zimmer. Restaurant, Bar, Vermittlung von Bootsausflügen.

• Lietuvininkų 70 | 99172 Šilutė
  Tel. 4415 2345
  www.deims.lt

Blick von der Petrikirche über die Altstadt von Rīga

RĪGA

Kleine Inspiration

- **Leute beobachten** in einem der gemütlichen Straßencafés auf dem Dom- oder Rathausplatz › S. 90
- **Die renommierte Oper besuchen** – auf dem Leuchtband über der Bühne laufen englische Untertitel mit › S. 92
- **Im Etnografischen Freilichtmuseum** vor den Toren der Stadt sämtliche Regionen Lettlands auf einem Fleck erleben und bei den Vorführungen traditioneller Handwerke zuschauen › S. 94

Das urbane Zentrum des Baltikums vereint in sich Großstadtflair und historischen Charme. Steinerne Zeugen aus der Hansezeit faszinieren ebenso wie einzigartige Jugendstilensembles.

Rīga besitzt, was eine Großstadt ausmacht: Weltläufigkeit, urbanes Flair, lebhafte Straßen und Plätze – und jede Menge Cafés. Seit der Unabhängigkeit boomt in Rīga die Wirtschaft: Neue Geschäfte sprießen wie Pilze aus dem Boden, und an jeder Ecke haben Straßenhändler ihre Stände aufgestellt. Dass das Handeln den Rīgaern schon immer im Blut lag, bezeugen auch die Jugendstilhäuser, die reiche Kaufleute errichten ließen. Ihrer Baufreude in der Ära des Art nouveau ist es zu verdanken, dass Rīgas Zentrum heute zum UNESCO-Weltkulturerbe zählt. Rigas Geschichte reicht aber noch viel weiter zurück. Von

der glanzvollen Vergangenheit der über 800 Jahre alten Hansestadt zeugt die gut erhaltene Altstadt mit Gildehäusern, Ordensschloss, Dom und Petrikirche.

Ein weiterer Publikumsmagnet liegt vor den Toren Rīgas an einem See: Mit über 100 historischen Bauten dokumentiert das Ethnografische Freilichtmuseum die bäuerliche Kultur Lettlands.

Rīga bietet aber nicht nur sehenswerte historische Architektur, sondern auch ein lebendiges Kulturleben. 30 Museen, 26 Hochschulen sowie 12 Theater und Opernhäuser tragen zur hohen Lebensqualität der baltischen Metropole bei.

Feuerwerk der Formen: Jugendstilgebäude in der Elizabetes iela

Touren in Rīga

 Altstadt

Route: Petrikirche › Rathausplatz › Große und Kleine Gilde › Pulverturm › Jakobikirche › Drei Brüder › Schloss › Domplatz

Karte: Seite 88
Dauer: etwa 3 Std.
Praktische Hinweise:
• Beim Pflastertreten machen sich bequeme Schuhe bezahlt.

Tour-Start:

Nachdem man sich vom Turm der **Petrikirche** 3 › S. 90 einen ersten Überblick über die Altstadt verschafft hat, schlendert man zum **Rathausplatz** › S. 90, der von der schmucken Backsteinfassade des **Schwarzhäupterhauses** 2 › S. 90 dominiert wird. Über die Kalķu iela gelangt man zur Meistaru iela mit ihren bunten Handwerkerhäusern. Hier liegen die **Große und Kleine Gilde** 5 › S. 90 und das originelle **Katzenhaus** › S. 91. Das Ende der Straße markiert der massige Rundbau des mittelalterlichen **Pulverturms** 6 › S. 91. Über die Smilšu und die Aldaru iela schlendert man nun zum spätgotischen Backsteinbau der **Jakobikirche** 8 › S. 91, von hier ist es nicht weit zum schönen Gebäudeensemble der **Drei Brüder** 9 › S. 92. Über die Maza Pils iela erreicht man das **Schloss** 10 › S. 92, das heute als Präsidentensitz fungiert. Letzte Station des Rundgangs ist der **Domplatz** mit dem größten Gotteshaus des Baltikums 11 › S. 92. Viele Kneipen und Cafés haben Tische im Freien aufgestellt.

 Glanzlichter des Jugendstils

Route: Kunstakademie › Kronvaldpark › Strēlnieku iela › Alberta iela › Elizabetes iela

Karte: Seite 88
Länge: Etwa 2 Std. Die Distanzen sind nicht groß, doch man kommt langsam voran, weil man ständig nach oben schaut.
Praktische Hinweise:
• Die meisten der Jugendstilgebäude sind nur von außen zu besichtigen.

Tour-Start:

Der Rundgang startet an der Esplanāde. An ihrem südlichen Ende liegt die **Lettische Kunstakademie.** Das Gebäude wurde zu Beginn des 20. Jh. erbaut; die schöne Fassade kombiniert Elemente des Historismus und des Jugendstils. Am hübschen Kronvaldpark entlang flaniert man nun zur **Strēlnieku iela** 17 › S. 94 und befindet sich in einem Viertel, wo die Blumen aus den Fassaden zu wachsen scheinen. Die rechte Straßenseite säumen besonders schöne Jugendstilbauten – Architekt des Hauses Nr. 4 war Michael Eisenstein › **S. 46, 93.** Nach-

Touren in Rīga

Tour 7

Rīgas Altstadt

Tour 8

Glanzlichter des
Jugendstils

Tour 9

Das jüdische Rīga

1. Okkupationsmuseum
2. Schwarzhäupterhaus
3. Petrikirche
4. Konventa Sēta
5. Große und Kleine Gilde
6. Pulverturm
7. Schwedentor
8. Jakobikirche
9. Drei Brüder
10. Schloss (Rīgas pils)
11. Dom
12. Opernhaus
13. Freiheitsdenkmal
14. Nationales Kunstmuseum
15. Jüdisches Zentrum
16. Elizabetes iela
17. Strēlnieku iela
18. Alberta iela
19. Ethnografisches Freilichtmuseum

dem man die Strēlnieku iela bis zur Kreuzung Dzirnavu iela abgeschritten hat, wendet man sich zurück und biegt in die **Alberta iela** 18 › **S. 94** ein. Gleich an der Ecke (Nr. 12) steht ein Haus, dessen Treppenhaus man häufig auf Fotos sieht. Es ist tatsächlich wunderschön. Wenn die Tür verschlossen ist, sollte man davon absehen, zu schellen. Die Alberta iela glänzt mit weiteren prachtvollen Jugendstilbauten, darunter ein Ensemble aus fünf Eisenstein-Häusern: die Nummern 2, 2a, 4, 6 und 8. Wenn man am Ende der Straße rechts abbiegt, trifft man auf die **Elizabetes iela** 16 › **S. 93**. Auch hier hat sich Eisenstein mit den Häusern Nr. 10b und 33 verewigt. Die berühmtesten Jugendstilbauten hat man nun gesehen, doch wenn man weiter durch die Neustadt bummelt, wird man noch manch weiteres Juwel entdecken.

Das jüdische Rīga

Route: Moskauer Vorstadt › **Synagoge Greise Hor Shul** › **Getto-Museum** › **Synagoge Peitav Shul** › **Jüdisches Zentrum** › **Holocaust-Gedenkstätte**

Karte: Seite 88
Dauer: etwa 5 Std.
Praktische Hinweise:
• Die ersten drei Stationen der Tour sind zu Fuß erreichbar, die Gedenkstätte per Trolleybus 14 (ab Brīvības iela) oder Taxi.

Tour-Start:

Die jüdische Gemeinde spielte für Rīgas Stadtleben ein wichtige Rolle, bis die Nazis sie auslöschten. Dieser Rundgang erhellt eines der finstersten Kapitel der jüngeren Geschichte. Erstes Ziel ist die **Moskauer Vorstadt** südlich des Hauptbahnhofs. Im 19. Jh. war sie das wichtigste jüdische Wohnviertel, von 1941 bis 1943 befand sich hier das Getto. An der Ecke Gogoļa/Dzirnavu stehen die Ruinen der **Synagoge Greise Hor Shul**. Ein Gedenkstein erinnert daran, dass die Nazis hier am 4. Juli 1941 über 100 lettische und litauische Juden einpferchten, bevor sie die Synagoge in Brand setzten. Das neue **Getto- und Holocaust-Museum** im Speicherviertel versucht mit seiner eindrucksvollen Ausstellung, den Opfern ihr Gesicht zurückzugeben (Maskavas 14a, www.rgm.lv). Über den Zentralmarkt gelangt man zur **Synagoge Peitav Shul** (Peitavas 6/8). 1905 errichtet, überstand sie als einziges jüdisches Gotteshaus in Rīga den Holocaust. Durch die Altstadt läuft man nun zur Esplanāde und zum **Jüdischen Zentrum** 15 › **S. 93**. Das kleine Museum stellt das jüdische Leben in Lettland vom 18. Jh. bis in die Gegenwart dar. Wer mag, kann nun von der nahen Brīvības iela den Trolleybus (Haltestelle Bikernieku mezs) oder ein Taxi zur **Holocaust-Gedenkstätte** im Wald von Bikernieki nehmen. Aus der Erde ragende Steine stehen symbolisch für Zehntausende von Juden, die hier von den Nazis erschossen und in Massengräbern verscharrt wurden.

Unterwegs in Rīga

Altstadt

Rathausplatz ⭐

Am Rathausplatz dokumentiert das **Okkupationsmuseum** **1** [b3], ein hässlicher schwarzer Kasten, die Zeit der deutschen und sowjetischen Besetzung sowie den Widerstand. Die Ausstellung ist zwar textlastig (auch in deutscher Sprache), umfasst aber auch anschauliche und anrührende Exponate wie Postkarten von Deportierten aus Sibirien oder die feinen Kissenbezüge, die eine Lagerinsassin aus Verbandsmull häkelte. Weil das Gebäude in der kalten Jahreszeit nicht beheizbar ist, wird zumindest ein Teil der Ausstellung im Gebäude Raiņa bulvāris 7 gezeigt (Mai–Sept. tgl. 11–18, Okt.–April Di–So 11–17 Uhr, http://okupacijasmuzejs.lv).

Heiterer wirkt das farbenfrohe **Schwarzhäupterhaus** **2** [b3] (Melngalvju nams), in dem sich die Zunft unverheirateter Kaufleute traf. Seine prächtige Renaissancefassade wurde im Zweiten Weltkrieg zerstört, zum 800-jährigen Stadtjubiläum 2001 jedoch in ihrer ganzen Pracht rekonstruiert. Davor wacht eine Nachbildung der historischen Rolandsfigur.

Petrikirche **3** [b3]

Der Original-Roland ist in der nahe gelegenen Petrikirche zu sehen, Rīgas schönstem, wenn auch zweckentfremdetem Gotteshaus. 1209 erstmals erwähnt, wurde es im Lauf der Geschichte mehrmals zerstört und wieder aufgebaut. Die schwersten Schäden erlitt es im Zweiten Weltkrieg, dem auch das kostbare Interieur zum Opfer fiel. Heute dient der schmucklose Innenraum als Ausstellungsort für zeitgenössische Kunst. Der das Stadtbild dominierende barocke Turm besteht aus Metall und wurde erst 1973 fertig gestellt. In 72 m Höhe besitzt er eine Aussichtsplattform, von der sich ein herrlicher Blick auf Altstadt und Daugava bietet (Di–So 10–18 Uhr).

Konventa Sēta **4** [b3]

Zu einem Einkaufsbummel in historischem Ambiente lädt das Konventa Sēta ein: Das mittelalterliche Witwenstift wurde liebevoll restauriert und ist nun ein idyllisches Labyrinth kleiner Innenhöfe mit Cafés, Restaurants, Geschäften und einem Hotel (zwischen Skārņu und Kalēju iela).

Große und Kleine Gilde **5** [b2]

Die Große und die Kleine Gilde (Lielā und Mazā gilde) bildeten früher Gegenpole wirtschaftlicher Macht: In der Großen Gilde trafen sich bis ins 19. Jh. deutsche Kaufleute; in der Kleinen Gilde war die Rīgaer Handwerkerzunft zu Hause. Ihr heutiges Aussehen erhielten beide Häuser im 19. Jh. Die Große Gilde ist die Spielstätte der Philharmoniker; die kleine Gilde wird für Konferenzen und Kulturveranstaltungen ge-

Rathausplatz mit Petrikirche und Schwarzhäupterhaus

nutzt. Besonders schön sind ihre wappenverzierten Fenster.

Dass Wohlstand und Exklusivität der Hanse auch Missgunst erzeugten, beweist das originelle **Katzenhaus** (Kaķu nams) schräg gegenüber: Es wurde von einem reichen Kaufmann erbaut, den die Große Gilde abgewiesen hatte. Aus Wut ließ er zwei Katzenfiguren aufs Dach setzen, die dem Gildehaus ihr Hinterteil zuwandten. Ein Affront, der seine Wirkung nicht verfehlte: Nach langen Diskussionen wurde der streitbare Kaufmann schließlich doch noch in die Gilde aufgenommen – unter der Bedingung, dass er die Katzen umdrehte.

Pulverturm 6 [b2]

Bei dem backsteinernen Pulverturm (Kara muzejs) mit seinen 3 m dicken Mauern handelt es sich um den einzigen erhaltenen Festungsturm der Stadt – ursprünglich waren es 28.

Der massige Rundbau beherbergt heute passenderweise Teile des Lettischen Kriegsmuseums (Smilšu 20, April–Okt. tgl. 10–18, Nov.–März 10–17 Uhr, www.karamuzejs.lv).

Schwedentor 7 [b2]

An der Ecke Torņa/Aldaru iela sieht man einen kleinen Rest der alten Stadtmauer. Als einziges Stadttor blieb das Schwedentor (Zviedru vārti) erhalten, das 1698 während der schwedischen Herrschaft durch ein mittelalterliches Wohnhaus gebrochen wurde.

Jakobikirche 8 [b2]

Die Jakobikirche stammt aus dem 13. Jh. und besitzt den einzigen erhaltenen gotischen Kirchturm Rīgas. 1522 feierte man hier den ersten reformierten Gottesdienst in Lettland; 60 Jahre später wurde die Kirche wieder katholisch und ist heute Sitz des Erzbischofs.

Drei Brüder 9 [b2]

Wenige Schritte von der Jakobikirche entfernt stehen die Drei Brüder (Trīs brāļi) – das Ensemble erhielt seinen Namen analog zu den
»Drei Schwestern« in Tallinn, die
ein Kaufmann für seine Töchter errichtet haben soll › S. 120. Die
Rīgaer Häuser können allerdings
nicht das Geschenk eines Vaters an
seine Söhne gewesen sein: Sie entstanden zu unterschiedlichen Zeiten im 15., 17. und 18. Jh.

Schloss (Rīgas pils) 10 [b2]

Am Ufer der Daugava erhebt sich
das Schloss, das 1330 als Ordensburg erbaut wurde. Bei erbitterten
Kämpfen zwischen Ordensrittern
und Bürgern wurde es mehrmals
zerstört und wieder aufgebaut.
Nach dem Zerfall des Ordensstaates
diente es als Residenz schwedischer
und russischer Gouverneure; heute
ist es Präsidentensitz. Seine Räume
beherbergen zwei Museen: Das **Historische Museum** dokumentiert die
Geschichte Lettlands von der Steinzeit bis zum 19. Jh. Das **Museum für
Literatur und Musik** stellt historische
Instrumente aus. Wegen Brandschä-
den ist es bis 2016 geschlossen. Das
Historische Museum ist dagegen vor-
übergehend umgezogen und zeigt
Teile seiner Ausstellung am Brīvības
bulvāris 32 (Di–Fr 10–17 Uhr, www.
history-museum.lv).

Dom 11 ⭐ [b2]

Der Dom St. Marien ist die größte
Kirche des Baltikums. Das protestan-
tische Gotteshaus misst 187 × 43 m
und bietet 5000 Gläubigen Platz.

Die prächtige Walcker-Orgel hat
6768 Pfeifen und war zur Zeit ihrer
Fertigstellung 1884 die größte der
Welt. **50 Dinge** 10 › S. 13. 1211 legte
Bischof Albert den Grundstein für
die Hallenkirche. Ihr heutiges Aussehen und den 90 m hohen Turm
erhielt sie bei der Rekonstruktion
im Jahr 1776, der ein Brand voraus-
ging. Das Innere birgt wertvolle
Kunstschätze: Besonders sehenswert sind das **Epitaph der Kleinen
Gilde** (1604–1611), die barocke **Kanzel** (1641) und das geschnitzte **Chorgestühl** der Schwarzhäupter aus dem
17. Jh. (Mai–Sept. tgl. 9–18, Mi, Fr
9–17, Okt.–April tgl. 10–17 Uhr, Orgelkonzerte Mai–Sept. Mi, Fr 19 Uhr,
sonst nur Fr, www.doms.lv).

Dem Dom schräg gegenüber liegt
die ehemalige Börse, in der 2011 das
Kunstmuseum Rīgaer Börse eröffnet
wurde. Es zeigt westeuropäische Ma-
lerei, asiatische Kunst und eine Por-
zellansammlung (Di–So 10–18, Fr
10–20 Uhr, http://rigasbirza.lv).

Neustadt

Bastejkalns-Park

Der breite Grünstreifen des Parks
trennt Alt- und Neustadt voneinander. Das Zentrum der Anlage bildet
der Bastionshügel, der aus dem
Schutt der abgetragenen Verteidi-
gungswälle besteht. Ihren Südteil
dominiert das 1863 im Stil des Neo-
klassizismus errichtete **Opernhaus**
12 [c3], eines der schönsten des Baltikums. Es ist nicht nur für hoch-
rätige Gastspiele bekannt, auch die
Eigenproduktionen finden international Beachtung › Special S. 48.

Nur einige Schritte entfernt steht auf dem Platz beim Freiheitsdenkmal der **Laima-Uhrturm**, Rīgas beliebtester Treffpunkt. Die Sozialdemokraten ließen ihn 1924 errichten, damit die Arbeiter rechtzeitig zur Arbeit kommen konnten.

Freiheitsboulevard

Der Bastejkalns-Park wird von Rīgas breit angelegter Hauptachse durchschnitten. Auf ihr erhebt sich unübersehbar das 42 m hohe, von Soldaten bewachte **Freiheitsdenkmal** **13** [c2]. Das Werk von Kārlis Zāle wurde am 18. November 1935, dem Unabhängigkeitstag, enthüllt. Bekrönt wird es von der Bronzefigur der Freiheit, die drei goldene Sterne gen Himmel streckt: Symbole der historischen Provinzen Kurzeme, Latgale und Vidzeme. Für die Unabhängigkeitsbewegung hatte das Monument große Symbolkraft; in den 1980er-Jahren fanden hier Kundgebungen gegen das Sowjetregime statt (Wachablösung 9–18 Uhr jeweils zur vollen Stunde).

Esplanade-Park

Gleich im Anschluss lädt der schattige Esplanāde-Park zu einer kurzen Ruhepause ein. Auf seinem Gelände stehen die **Kunstakademie** und das **Nationale Kunstmuseum** **14** [c2] (Nacionālais mākslas muzejs), eines der besten Kunstmuseen des Baltikums. Im Treppenhaus illustrieren Wandgemälde Lettlands Geschichte; in den Galerien sind Werke lettischer und russischer Künstler ausgestellt. (wegen Umbauarbeiten voraussichtlich bis Ende 2015 geschl.).

Laima-Uhrturm und Freiheitsdenkmal am Freiheitsboulevard

Jüdisches Zentrum **15** [c2]

Das hervorragende kleine Museum im jüdischen Gemeindezentrum dokumentiert die Geschichte der Juden in Lettland vom 18. Jh. bis 1945 und informiert auch über das neue jüdische Leben seit der Unabhängigkeit (Skolas 6, 3. Etage, So–Do 12–17 Uhr, Tel. 6728 3484).

Jugendstilviertel ⭐

Rīgas Zentrum besteht zu einem Drittel aus Jugendstilbauten. Besonders schöne Exemplare säumen die **Elizabetes iela** **16** [c1]: Die Häuser Nr. 33 und 10 b stammen von Michael Eisenstein (1867–1921), dem schöpferischsten lettischen Jugendstilarchitekten. Er kombinierte Art-Nouveau-Motive mit solchen

Rīgas Jugendstilbauten begeistern mit ihrem Reichtum an Ornamenten

aus anderen Kulturepochen, v. a. aus der Antike. In der **Strēlnieku iela** 17 [b1] spiegelt Haus Nr. 4 a den unerschöpflichen Ideenreichtum des Architekten wider. Seine größte Pracht entfaltet der Jugendstil in der **Alberta iela** 18 [c1], in der man u. a. ein Ensemble aus fünf Eisenstein-Häusern (Nr. 2, 2 a, 4, 6, 8) bewundern kann. Riesige Frauenköpfe und Löwenhäupter blicken auf die Passanten herab; die Eingänge werden von Sphingen bewacht. Im Haus Nr. 12 lebte bis 1907 Konstantīns Pēkšēns (1859–1928), ein weiterer bedeutender Art-Nouveau-Architekt. Seine Wohnung beherbergt heute das **Rīgaer Jugendstilmuseum** (Di–So 10–18 Uhr, www.jugendstils.riga. lv). Im obersten Stockwerk lebten der Maler Jānis Rozentāls › **S. 47** und der Schriftsteller Rūdolfs Blaumanis; auch in ihrer Wohnung zeigt ein kleines Museum Interieur des Jugendstils (Mi–So 11–18 Uhr, www. memorialiemuzeji.lv).

Außerhalb des Zentrums

Ethnografisches Freilichtmuseum 19

Wie man vor 100 Jahren in Lettland lebte, zeigt das etwa 10 km östlich des Zentrums gelegene Ethnografische Freilichtmuseum am JuglasSee. Über 100 historische Gebäude aus ganz Lettland wurden hier zusammengetragen, darunter Windmühlen, Holzkirchen, Bauernhäuser und ganze Fischerdörfer. Viele der Gebäude sind auch von innen zu besichtigen. Traditionelle Werkstätten wie z. B. eine Dorfschmiede und eine Töpferei erwachen im Sommer zu neuem Leben; alljährlich am ersten Juniwochenende findet ein großer Handwerksmarkt statt (tgl. 10–17 Uhr, www.brivdabas muzejs.lv; erreichbar mit dem Auto über die Brīvības iela oder mit Bus 1 ab Ecke Merķeļa/Tērbatas iela).

Info

Rīga Informationsbüro [b3]
- Rātslaukums 6 | 1050 Rīga
  Tel. 6703 7900
  www.liveriga.com
  Mai–Sept. tgl. 9–19, sonst 9–18 Uhr
- Die **Rīga Card** gewährt freie Fahrt im
  Nahverkehr sowie freien oder ermäßig-
  ten Eintritt bei Museen und Sehens-
  würdigkeiten. Auch eine englischspra-
  chige Stadtrundfahrt ist inbegriffen.
  Die Karte kostet 16 € für 24 Std., 20 €
  für 48 Std. und 26 € für 72 Std., mehr
  Infos unter http://rigacard.lv.

Verkehrsmittel

- **Flughafen:** Der Flughafen (www.riga-
  airport.com) liegt 14 km südwestlich
  von Rīga. Die Altstadt erreicht man per
  Taxi (ca. 14 €) oder mit der Buslinie 22,
  die sowohl das Zentrum als auch den
  Hauptbahnhof ansteuert.
- **Bahnverbindungen:** Stacijas laukums,
  tgl. 5–24 Uhr. Nach Vilnius, Moskau,
  Kiew und in viele Städte Lettlands.
  Auskunft unter Tel. 6723 2135 (tgl.
  7–19 Uhr), www.pv.lv. Nahverkehrs-
  züge nach Jūrmala.
- **Busbahnhof:** Prāgas 1, 8–23 Uhr.
  Nationale und internationale Routen,
  u. a. mit Eurolines nach Deutschland,
  Moskau, Vilnius und Tallinn (www.
  eurolines.lv).

Aktivitäten

- An der Vanšu-Brücke gegenüber dem
  Schloss starten mehrmals täglich
  Bootsfahrten auf der Daugava mit der
  »Jūrmala«. Von der Akmens-Brücke le-
  gen die »Jelgava«, »Liepāja«,
  »Vecrīga« und »Misisipi« zu ein- bis
  zweistündigen Fahrten ab (ab 11 Uhr
  jeweils zur vollen Stunde).

Hotels

Bergs €€€ [c3]
Modernes und stylishes 5-Sterne-Hotel
in alten Mauern. Die Liebe zur Tradition
prägt hier jedes Detail – bis hin zur
Bettwäsche aus handgewebtem lettischen Leinen. Mehrfach preisgekröntes
Restaurant.
- Bergs Bazār | Elizabetes 83/85
  1050 Rīga
  Tel. 6777 0900
  www.hotelbergs.lv

Grand Palace Hotel €€€ [b2]
Luxushotel im Herzen der Altstadt;
das verspielte Mobiliar verbreitet aristo-
kratisches Flair.
- Pils 12 | 1050 Rīga
  Tel. 6704 4000
  www.grandpalaceriga.com

Gutenbergs €€€ [b2]
Komfortable Nobelherberge in einer
ehemaligen Druckerei; im Schatten des
Domes gelegen. Dachterrasse mit herrli-
chem Blick auf die Altstadt.

SEITENBLICK

Ausflüge ab Rīga

Nur 25 km von der Hauptstadt entfernt lockt das Meer: Das schöne
Seebad **Jūrmala** › S. 103 mit fein-
körnigem Sandstrand und endlosen
Kiefernwäldern ist seit jeher Spielplatz, Erholungsort und Flaniermeile
für die Hauptstädter. Etwas landeinwärts liegt der alte Kurort **Ķemeri**
› S. 104 mit schwefelhaltigen Quel-
len und alten Holzvillen; durch die
eindrucksvolle Moorlandschaft des
Ķemeri-Nationalparks › S.104 führt
ein 3 km langer Holzbohlenweg.

Gastfreundliches Rīga

• Doma laukums 1 | 1050 Rīga
  Tel. 6781 4090
  www.hotelgutenbergs.lv

Laine €€€ [c2]
Kleines Hotel in aufwendig restauriertem
Jugendstilgebäude; 10 Gehminuten von
der Altstadt entfernt.
• Skolas 11 | 1010 Rīga
  Tel. 6728 8816
  www.laine.lv

Konventa Sēta €€–€€€ [b3]
Behagliches Hotel im historischen Gebäudekomplex eines früheren Witwen-
konvents.
• Kalēju 9/11 | 1050 Rīga
  Tel. 6708 7516
  www.konventa.lv

Valdemārs €€–€€€ [c1]
Umfassend renoviertes, modern gestyl-
tes Haus in schönem Jugendstilgebäude,
zentrumsnah an der Ecke zur Elisabeth-
Straße. Zimmer mit Parkettböden.

• Valdemāra 23 | 1010 Rīga
  Tel. 6733 4462
  www.valdemars.lv

Restaurants
Dome €€€ [b2]
Exklusive Adresse für Liebhaber von
Fisch und Seafood.
• Miesnieku 4 | 1050 Rīga
  Tel. 6750 9010
  www.domehotel.lv

Vincents €€€ [b1]
! Küchenchef Mārtiņš Rītiņš begeistert
mit kreativer Kochkunst (Staats-)Gäste
aus aller Welt.
• Elizabetes 19 | 1010 Rīga
  Tel. 6733 2830
  www.restorans.lv

Burkāns €€ [b2]
Feine Küche mit Blick auf die Daugava,
Business Lunch Mo–Fr 11–16 Uhr.
• 11. novembra krastmala 9 | 1050 Rīga
  Tel. 6750 3964 | www.burkans.lv

Lido Atpūtas Centrs €€
Lettische Küche vom Büfett, hausgebrautes Bier. **50 Dinge** (18) › **S. 14.**

- Krasta 76 | 1019 Rīga
  Tel. 6750 4420
  www.lido.lv

Salve €€ [b3]
! Etwas plüschiges Dekor, aber gute neue lettische Küche.

- Rātslaukums 5 | 1050 Rīga
  Tel. 6704 4317
  www.salve.lv

Kaffeehäuser

Kanēļa Konditoreja [c3]
Ein Ambiente aus den 1930er-Jahren und wunderbare Torten.

- Dzirnavu 84 (Berga Bazārs) | 1011 Rīga
  Tel. 6721 7170

Emils Gustavs Chocolate [c3]
Kaffee mit köstlicher Trinkschokolade und Schokoladenkuchen. **50 Dinge** (33) › **S. 16.**

- Aspazijas bulvāris 24 | 1050 Rīga
  Tel. 6722 8333

Double Coffee [b3]
Moderne Kaffeebar mit leckeren Snacks und umwerfender heißer Schokolade.

- Grēcinieku 11 | 1050 Rīga
  Tel. 6722 3163

Monte Kristo Kafija
Frische Kuchen und Torten sowie große Teeauswahl.

- Gertrudes 27 | 1011 Rīga
  Tel. 6731 0010

Shopping

Zentralmarkt (Centrāltirgus) [c3]
! Die großen Markthallen waren einst Hangars für Zeppeline. Heute werden innen Lebensmittel, außen Kleidung, Haushaltsgeräte und Tonträger verkauft.

- Nēģu 7 | 1050 Rīga
  www.rct.lv
  Tgl. 7–18 Uhr

Berga Bazars [c3]
Schicke Boutiquen in einem denkmalgeschützten Gebäudekomplex.

- Elizabetes 83/85 | 1050 Rīga
  www.bergabazars.lv

Senā Klēts [b3]
Wunderschöne Trachten aus sämtlichen Regionen Lettlands.

- Rātslaukums 1 | 1050 Rīga
  www.senaklets.lv

Tīne [b2]
Hochwertiges lettisches Kunsthandwerk.

- Vaļņu 2 | 1050 Rīga

Baltu Rotas [b3]
Nach baltischen Vorbildern aus dem Mittelalter gestaltete Schmuckstücke.

- Grēcinieku 11–2 | 1050 Rīga
  www.balturotas.lv

Nightlife

Skyline Bar [c2]
Cocktails mit Blick auf die Altstadt im 26. Stock des Radisson Blu Hotel Latvija.

- Elizabetes 55 | 1010 Rīga
  Tel. 6777 2222 | www.skylinebar.lv
  Mo–Mi 16–1, Do 16–2, Fr, Sa 15–3, So 11.30–1 Uhr

Folkklubs Ala Pagrabs [b3]
Großes Bierlokal mit Livemusik.
Peldu 19 | 1050 Rīga
Tel. 2779 6914 | www.folkklubs.lv
Mo, Di 12–1, Mi 12–3, Do, Fr 12–4, Sa 14–4, So 14–1 Uhr

LETTLAND

Kleine Inspiration

- **Endlose Strandspaziergänge** unternehmen – etwa zwischen Jürmalciems und Bernāti südlich von Liepāja › S. 106
- **Von der Venta-Brücke** in Kuldīga über die breiteste Stromschnelle Europas blicken › S. 107
- **Barocke Prachtentfaltung** bewundern – im Goldenen Saal von Schloss Rundāle › S. 109
- **Bei einer Paddeltour** die herrliche Flusslandschaft des Gauja-Nationalparks hautnah erleben › S. 112

In Lettland warten einsame Sandstrände, verträumte Fischerdörfer und das wildromantische Flusstal der Gauja auf Entdeckung. Das Kulturerbe umfasst mittelalterliche Ordensburgen und prachtvolle Barockresidenzen.

Zu den unterschiedlichen Gesichtern Lettlands gehören traditionsreiche und lebhafte Kurorte ebenso wie das unberührte Kap Kolka, wo sich Ostsee und die Bucht von Rīga treffen. Verträumte Fischerdörfer und einsame Strände säumen die 500 km lange Küste; Schutzgebiete wie Ķemeri- und Slītere-Nationalpark bieten Gelegenheit zu Wanderungen und Bootstouren in unverfälschter Natur. Naturfreunde kommen außerdem im Gauja-Nationalpark auf ihre Kosten: Keine andere Landschaft Lettlands reicht an die Schönheit dieses Urstromtals heran. Auf dem Land erlebt man eine zeitlose Idylle: Inmitten der sanften Hügel der Kurischen Schweiz liegen malerische Städtchen und alte Burgen; besonders reizvoll sind Kuldīga und Talsi mit ihrer gut erhaltenen historischen Holzarchitektur. Im Herzen Lettlands sind viele alte Schlösser und Herrensitze zu entdecken, die liebevoll restauriert wurden. Ganz in der Nähe von Rīga locken die herzoglichen Residenzen Jelgava und Rundāle, beide großartige Leistungen des Spätbarock. Bauska, Sigulda und Cēsis beeindrucken mit den imposanten Überresten mittelalterlicher Ordensburgen.

Touren in Lettland

Höhepunkte Lettlands

Route: Rīga › **Gauja-Nationalpark** › **Sigulda** › **Cēsis** › **Rundāle** › **Jelgava** › **Kuldīga** › **Liepāja** › **Rīga**

Karte: Seite 100
Distanzen: 764 km; 8 Tage
Praktische Hinweise:
• Diese Tour lässt sich am besten mit dem Pkw durchführen, ist aber auch mit Überlandbussen machbar.

Tour-Start:

Zwei Übernachtungen sollte man zunächst in Rīga › S. 85 einplanen, um ausreichend Zeit für die Altstadt mit ihren herrlichen Bauten im Stil der Backsteingotik und die prächtigen Jugendstilensembles in der Neustadt zu haben. Anschließend geht es durch den **Gauja-Nationalpark** › S. 113 über das reizvoll gelegene **Sigulda** 12 › S. 111 in die alte Hansestadt **Cēsis** 13 › S. 112, wo die eindrucksvollen Überreste einer Or-

Schlossgut Straupe bei Cēsis

Touren in Lettland

Tour ⑩ **Höhepunkte Lettlands** Rīga › Gauja-Nationalpark › Sigulda › Cēsis › Rundāle › Jelgava › Kuldīga › Liepāja › Rīga

Tour ⑪ **Burgen und Schlösser** Rīga › Jelgava › Rundāle › Bauska › Sigulda › Cēsis › Gauja-Nationalpark › Rīga

R i g a s   j u r a s

l i c i s

Bukas

Valmiera

A3

Ungēni

A1

Augstrozes

Umurga

Limbaži

Dauguļi

Tūja

Vainiži

Rožulā

Gauja

Dunte

Igate

Straupe

Lielstraupe

nacionalais parks

Cēsis

13

Inciems

Gauja

Saulkrasti

Augsligline

Līgatne

A3

Sēja

A2

Ieriķi

Ģikši

Lilaste

Turaida

Sigulda

Bžrziems

10

Carnikavā

Vangaži

11

12

Nitaure

Engure

Garciems

A1

Inčukalns

11

Kesterciems

Vevaki

Ķīšezers

Plāupe

Mālpils

Zaube

Apšuciems

12

RĪGA

10

Ropaži

Sutanži

Madliena

Kanieris

12

Jūrmala

Pītabuļi

Ulbroka

Ūlupji

Kangarisi

Tukums

2

Kemeri

Darzini

Tinūži

A6

Glāžškūnis

P80

Ogre

Ošlejās

A10

Babītes ez.

A8

Kekava

Lobe

10

Kemeri
nacionalais
parks

Trénči

Silenieki

Tireļi

A5

Pulkarne

Ogre

Lielvārde

Slampē

Olaine

10

Baldone

Jumprava

Pienava

12

Jaunbērze

Valgunde

Cenas

11

Daugave

Auziņi

Dzelmes

Skriveri

A9

Jelgava

10

A7

10

Vecumnieki

A6

Jaunjelgava

Šķibe

9

Garoza

Taurkaine

Sērene

Dobele

Purinī

Iecava

Stelpe

Valle

Daudzese

Plātone

Emburga

Birzes

Krimūrraš

Zaļenieki

Lielupe

Bārbele

Kurmene

Krasti

Kroņauce

Vecsaule

Penkule

Tžrvete

Vilce

Eleja

Mežotne

Skaistkalne

Ērberge

Bēne

Rundāle

Bauska

Ceraukste

11

Augstkalne

10

Grenctāle

LITAUEN

Žagarē

Šarkiai

Kriukai

Skaistgirys

A12

Žeimelis

Nociumai

Saločiai

Kruopiai

Joniškis

Vaškai

A10

densburg besichtigt werden können. Anderntags fährt man weiter zum Schloss **Rundāle** 10 › S. 109, der wohl schönsten Barockresidenz des Baltikums. Übernachtet wird in **Jelgava** 9 › S. 109, wo ein weiteres prächtiges Barockschloss Rundāle Konkurrenz macht. Am nächsten Tag geht es durch das abgeschiedene, sanfthügelige Kurland nach **Kuldīga** 7 › S. 107, einer malerischen Stadt mit schöner Holzarchitektur, die lettische Filmemacher gern als Kulisse verwenden. Im quirligen **Liepāja** 6 › S. 106 kann man durch die Altstadt flanieren, die herrlichen Strände genießen oder die Küste ein Stück weit in Richtung Norden erkunden, bevor es zurück in die Hauptstadt geht.

Burgen und Schlösser

Tour 11

Tour-Start:
Von Riga aus steuert man zunächst **Jelgava** 9 › S. 109 an, das ein prachtvolles Barockschloss besitzt (Übernachtung). Jelgava ist außerdem ein guter Ausgangspunkt für die Besichtigung von **Schloss Rundāle** 10

› S. 109 am nächsten Morgen. Auch hier wartet herrschaftliche Pracht im Stil des Barock und Rokoko. Von Rundāle ist es nicht mehr weit nach **Bauska** 11 › S. 110, wo sich auf einem Felssporn die eindrucksvolle Ruine einer Ordensburg erhebt. Ein zusätzliches Highlight kann hier die Übernachtung im Schloss(-hotel) Mežotnes Pils › S. 110 sein. Über die E 67, A 7 und A 2 fährt man anderntags weiter nach **Sigulda** 12 › S. 111. Hier buhlen gleich drei Burgruinen und zwei Schlösser um die Gunst der Besucher. Die Besichtigung von **Cēsis** 13 › S. 112 mit seiner Ordensburg aus dem 13. Jh. und dem Neuen Schloss aus dem 18. Jh. bildet den Schlusspunkt der Tour. Wer hier übernachtet, kann am nächsten Tag vor der Rückfahrt nach Rīga noch eine kleine Wanderung oder Kanutour im **Gauja-Nationalpark** › S. 113 unternehmen.

Lettlands weiße Strände

Tour 12

Jūrmalas Sandstrände sind ein beliebtes Ausflugsziel der Hauptstädter

Tour-Start:

Auf dieser Tour lernt man die lettische Küste kennen. Ob lebhaft oder verwunschen – allen Stränden ist feiner weißer Sand zueigen. Erstes Etappenziel ist das trubelige **Jūrmala** **1** › S. 103, Rīgas Hausstrand. Zunehmend menschenleerer wird es, wenn man der Küste weiter bis **Roja** **3** › S. 104 folgt. Für eine Übernachtung bietet sich das windumtoste **Kap Kolka** **4** › S. 104 an, wo Ostsee und Rīgaer Golf oft stür-

misch aufeinanderprallen. In Richtung Süden wird die Küste steiler und dramatischer. Hübsche Fischerdörfer wie Kosrags säumen die holprige Straße. Zurück in die Zivilisation gelangt man bei **Ventspils** **5** › S. 105, mit dessen Industriehafen ein herrlicher Sandstrand versöhnt. Die Tour endet so lebhaft, wie sie begonnen hat: in **Liepāja** **6** › S. 106, einer Hafenstadt mit Nachtleben und – natürlich – Strand. Über die A9 gelangt man zurück nach Rīga.

Unterwegs in Lettland

Kurland / Westen
Jūrmala **1** ★ [D6]

Das 25 km westlich von Rīga gelegene Jūrmala war wegen des milden Klimas und des **!** flach abfallenden Sandstrands schon im 19. Jh. als Erholungsgebiet beliebt. Holzvillen und schattige Parks mit alten Bäumen sind ein Relikt aus dieser Zeit.

Das Badeleben konzentriert sich auf die Ortsteile **Majori, Dzintari** und **Bulduri**. Durch Majori verläuft die Jomas iela, eine von Cafés und Geschäften gesäumte Fußgängerzone. Das Stadtmuseum in der Tirgoņu iela 29 zeigt nette Skurrilitäten wie die größte lettische Sammlung von Badeanzügen (Mi–So 10–17 Uhr). Auf der Freilichtbühne von Dzintari finden im Sommer Konzerte statt. Bulduri war früher bevorzugtes Ziel des deutschbaltischen Adels; schmucke Villen erinnern noch an jene Glanztage. Trotz der Nähe zu Rīga weht an den Sandstränden die Blaue Flagge für gute Wasserqualität.

Info

Touristeninformation Jūrmala
- Lienes iela 5 | Majori | 2015 Jūrmala
  Tel. 6714 7900
  www.jurmala.lv

Hotel

Pegasa Pils €€€
Türmchenbekrönte Jugendstilvilla mit Spa und gutem Restaurant in Strandnähe.
- Juras 30 | Majori | 2015 Jūrmala
  Tel. 6776 1149
  www.hotelpegasapils.lv

Restaurant

36. Line €€
Feine lettische Küche.
- 36. Līnija 1202 | 2110 Jūrmala
  Tel. 2201 0696
  www.lauris-restaurant.lv

Ķemeri-Nationalpark

Etwa 40 km von Riga entfernt liegt im Hinterland Ķemeri **2** [D6], ein traditionsreicher Kurort mit hübschen Holzvillen. Dichte Wälder und Lagunenseen, an denen Zugvögel brüten, charakterisieren den umliegenden Ķemeri-Nationalpark. Hier kann man an geführten Wanderungen oder Bootstouren teilnehmen. Etwa 3 km südlich von Ķemeri führt ein 3 km langer Bohlenweg ins Moor des Nationalparks.

Info

Informationszentrum Ķemeri-Nationalpark
- Ķemeri | Meža Māja | 2012 Jūrmala
  Tel. 6773 0078
  www.daba.gov.lv/kemeri/eng

Roja **3** [C5]

Das hübsche Fischerstädtchen in Nordkurland besitzt einen schönen Strand und einen lebendigen Hafen. Ein kleines Museum informiert über die Bedeutung des Fischfangs für die Region (Selgas 33, Di–Sa 10–18, So 10–15 Uhr). Nördlich von Roja erstreckt sich die malerische Ēvaži-Steilküste, an der ein aussichtsreicher Wanderweg entlangführt.

Info

Touristeninformation Roja
- Selgas 33 | 3264 Roja
  Tel. 6326 9594
  www.roja.lv

Hotel

Roja €€
Kleines Gästehaus mit Restaurant, Café und Sauna, 200 m vom Meer entfernt.
- Jūras 6 | 3264 Roja
  Tel. 6323 2226
  www.rojahotel.lv

Kap Kolka **4** [C5]

Am windreichen Kap Kolka treffen Ostsee und Rīgaer Bucht zusammen. Den nördlichsten Punkt Kurlands bewachen die Überreste eines alten Leuchtturms. Entlang der Nordwestküste erstreckt sich der Slītere-Nationalpark, der **!** die ursprünglich gebliebene Küstennatur schützt. Markierte Wanderwege erschließen seine reiche Tier- und Pflanzenwelt. In einigen Küstendörfern (u. a. Sīkrags, Kosrags, Pitrags, Saunags und Vaide) leben noch Nachkommen der Liven, eines alten finno-ugrischen Volkes. Über ihre Kultur informiert ein Museum in **Mazirbe**. Hier treffen sich im August auch Liven aus dem ganzen Land zu einem großen Festival.

Info

Nationalparkverwaltung
• Dakterlejas 3 | 3270 Dundaga
  Tel. 6329 1066
  www.slitere.gov.lv

Hotel

Gästehaus Usi €
Familiäre Herberge mit Zeltplatz, Radverleih, geführten Exkursionen.
• Kolkas pagasts | 3275 Kolka
  Tel. 2947 5692 | www.kolka.info

Ventspils 5 [C6]

Die wichtigste Hafenstadt des Landes (42 000 Einw.) liegt an der Mündung der Venta in die Ostsee und besitzt eine hübsche Altstadt mit klassizistischen Bürgerhäusern und Kirchen. Sie verbirgt sich allerdings hinter ausgedehnten Hafen- und Industrieanlagen – Ventspils ist ein Zentrum der Petrochemie.

Die restaurierte **Ordensburg** aus dem 13. Jh. beherbergt eines der modernsten Museen Lettlands, das sich der Geschichte der Burg, der Stadt und des Herzogtums Kurland widmet (Di–So 10–18 Uhr). Im **Freilichtmuseum für Fischerei** lassen Boote, Werkzeuge, Netzhäuser, Räuchereien und Katen den harten

Dorfkirche von Mazirbe

Arbeitsalltag lettischer Fischer nachvollziehen (Riņku 2, Mai–Okt. tgl. 10–18, Nov.–April nur Mi–So 11–17 Uhr).

❗ Am feinsandigen Badestrand sorgen Beachvolleyballfelder und der Aquapark für Abwechslung (Mednu iela 19, Juni–Aug. tgl. 10–22 Uhr).

Info

Touristeninformation Ventspils
• Dārzu 6 | 3601 Ventspils
  Tel. 6362 2263
  www.visitventspils.com

Hotel

Raibie Logi €
Freundlich und modern eingerichtetes Hotel in einem hübschen Holzhaus.
• Lielais prospekts 61 | 3601 Ventspils
  Tel. 2914 2327
  www.raibielogi.lv

Bernstein – in allen Formen zu kaufen

Restaurant

Melnais Sivēns €€
Gute »mittelalterliche« Küche im
schummrigen Burgkeller.
- Jāņa iela 17 | 3601 Ventspils
  Tel. 6362 2396
  www.pilskrogs.lv

Liepāja 6 ⭐ [B7]

! Der herrliche Sandstrand mit
seinen kiefernbestandenen Dünen
lässt leicht vergessen, dass Liepāja
(Libau; 82 500 Einw.) nicht nur die
drittgrößte Stadt Lettlands, sondern
auch ein wichtiger Industriestand-
ort ist. In der Sowjetzeit war Liepāja zudem Marinebasis und für
Ausländer gesperrt. Die Plattenbau-
ten der Kaserne am Hafen stehen
heute leer, doch dafür beginnt die
Altstadt aus ihrem Dornröschen-
schlaf zu erwachen: Die verkehrsberuhigte Tirgoņu iela säumen
neben alten Bürgerhäusern auch
immer mehr bunte Geschäfte und
lebendige Cafés.

Am Meer

Mit mehr als 140 Baum- und Busch-
arten, hübschen Holzvillen und
dem historischen Schlammbad ist
der 1870 angelegte **Strandpark** von
Liepāja eine schattige Oase auf dem
Weg zum Meer.

Am kilometerlangen Sandstrand
weht die Blaue Flagge. Das Strandleben genügt sich selbst und dem
ausgeprägten lettischen Sonnen-
hunger: Bräunen in knapper Bade-
bekleidung, dazu ein kühles Bier
vom Kiosk. Auf der **Freilichtbühne**
im Strandpark finden Konzerte,
Sängerfeste und im Juli das Rock-
und Popfestival »Summersound«
statt (genaue Termine unter www.
summersound.lv).

Das Gold der Ostsee

80 % der weltweiten Bernsteinfunde stammen aus dem Baltikum. Bernstein ist
aus dem fossilen Harz von Nadelbäumen entstanden, seine Farbe kann von weiß-
lichgelb über honiggelb bis bräunlich variieren. Häufig weist er Einschlüsse von
Insekten und Pflanzenteilen auf, sog. Inklusen. An der baltischen Ostseeküste kann
man mit etwas Glück noch immer fündig werden – am besten nach einem Sturm.
So wurde eine touristische »Bernsteinroute« entwickelt, die neben einschlägigen
Museen auch Bernsteinwerkstätten und Fundstellen berührt. Die entsprechende
Broschüre ist beim Lettischen Fremdenverkehrsamt › **S. 152** erhältlich.

In der Stadt

Die **Dreifaltigkeitskirche** wurde im 18. Jh. für die deutsche Gemeinde erbaut und ist prachtvoll ausgestattet. Glanzstücke sind die Kanzel, der Beichtstuhl und die Loge des Herzogs von Kurland. Die Orgel gilt als eine der größten in Europa. Historische **Speichergebäude** säumen die Zivju iela; in der Bārinu iela (östl.) sind schöne Bürgerhäuser zu sehen. In der neogotischen **Annenkirche** beeindruckt der Barockaltar (1697) von Nicolaus Soeffrens.

Info

Touristeninformation Liepāja
• Rožu laukums 5/6 | 3401 Liepāja
  Tel. 6348 0808
  http://liepaja.travel

Aktivitäten

• Die **Touristeninformation** hält verschiedene Vorschläge für Radtouren bereit, darunter den etwa 44 km langen Bernsteinweg.

Hotels

Fontaine €€
Schöne alte Holzvilla mit liebevoll eingerichteten Zimmern und hübschem Garten.
• Jūras 24 | 3401 Liepāja
  Tel. 6342 0956
  www.fontaine.lv

Roze €€
Hübsch restaurierte Jugendstilvilla im Strandpark mit etwas plüschigen, aber behaglichen Zimmern.
• Rožu 37 | 3401 Liepāja
  Tel. 6342 1155
  www.parkhotel-roze.lv

Restaurants

Oskars €€€
Ausgezeichnetes Restaurant im Europa City Amrita Hotel, auf der Karte stehen ausgewählte lettische, schwedische und internationale Gerichte.
• Rigas 7/9 | 3401 Liepāja
  Tel. 6348 0888
  www.groupeuropa.com

Pastnieka māja €€
Sehr gute kurländische Spezialitäten; schöner Garten.
• Brīvzemnieka 53 | 3401 Liepāja
  Tel. 6340 7521
  www.pastniekamaja.lv

Kuldīga 7 ⭐ [C6]

In sanfte Hügellandschaft eingebettet liegt Kuldīga (Goldingen; 13 000 Einw.), die ehemalige Residenz des kurländischen Herzogs. Die malerische Kleinstadt am Ufer der Venta hat ihre Holzbebauung aus dem 18. und 19. Jh. fast vollständig bewahrt – seit 2008 zählt sie zum UNESCO-Weltkulturerbe. Einige der schönsten alten Häuser säumen die Baznīcas iela. Die **Katharinenkirche** wurde nach einem Brand im 17. Jh. neu aufgebaut, von der Originalausstattung sind nur noch Altar und Kanzel des lettischen Meisters Nicolaus Soeffrens erhalten.

Ein beliebtes Fotomotiv ist der **Ventas rumba,** ein 240 m breiter Wasserfall, der über eine 2 m hohe Felsstufe hinabrauscht. Am schönsten präsentiert er sich von der **Ventabrücke** aus dem Jahre 1874 aus, mit 165 m eine der längsten Backsteinbrücken Europas.

Die malerische Flusslandschaft der Venta lässt sich bei Kuldīga genießen

Info

Touristeninformation Kuldīga
- Baznīcas 17 | 3301 Kuldīga
  Tel. 6332 2259
  www.visit.kuldiga.lv

Hotel

Hotel Metropole €€
Das beste Hotel am Platz, im angeschlossenen Restaurant setzt man auf Ököküche.
- Baznīcas 11 | 3301 Kuldīga
  Tel 6335 0588
  www.hotel-metropole.lv

Talsi 8 [C6]

Rund um das hübsche Talsi (Talsen; 11 300 Einw.), das auf sieben Erhebungen verteilt ist, ist die Landschaft etwas hügeliger als im übrigen Kurland – für die Bevölkerung Grund genug, sie stolz Kurische Schweiz zu nennen.

Die **Ordensburg** ist nurmehr in ihren Fundamenten zu erahnen; der Burgberg bietet jedoch einen schönen Blick über den Ort und den See. Auf dem Kirchberg wacht die evangelische Stadtkirche aus dem 18. Jh. An der Lielā iela, der Hauptstraße, ist die historische Bebauung des 19. Jhs. noch weitgehend erhalten. Das **Stadtmuseum** dokumentiert Talsis Geschichte und informiert über die alte Kultur der Kuren (Mīlenbaha 19; Di–So 10–17 Uhr).

Info

Touristeninformation Talsi
- Lielā 19/21 | 3201 Talsi
  Tel. 6322 4165
  http://talsitourism.lv

Hotel

Saule €
Angenehmes kleines Hotel mit 6 Zimmern am Talsi-See; Fahrradverleih.
- Saules 19 | 3200 Talsi
  Tel. 6323 2232
  www.saulehotel.lv

Semgallen / Zentral-Lettland

Jelgava 9 [D6]

Jelgava (Mitau; 64 000 Einw.) war einst Hauptstadt des Herzogtums Kurland. Als Ernst Johann Biron 1737 die Herzogswürde erhielt, ließ er sich auf einer Insel am Zusammenfluss von Driksa und Lielupe ein repräsentatives **Schloss** erbauen. Die Entwürfe gehen auf den Petersburger Hofarchitekten Bartolomeo Francesco Rastrelli zurück. Hinter der imposanten Barockfassade residiert heute die Akademie für Landwirtschaft. Man kann aber ein kleines Museum und die Gruft der Herzoge von Kurland besichtigen (Mo–Fr 10–16 Uhr).

In der Stadt steht ein weiteres prächtiges Barockgebäude, die **Academia Petrina**. Herzog Peter Biron, der Sohn Ernst Johanns, hatte sie 1775 als erste höhere Bildungsanstalt Lettlands gegründet. Der 35 m hohe Turm diente astronomischen Beobachtungen.

Info

Touristeninformation Jelgava
• Akademijas 1 | 3001 Jelgava
  Tel. 6300 5445
  www.visit.jelgava.lv

Hotel

Jelgava €–€€
Freundliches Hotel neben dem Schloss; Wellnessbereich, Sauna, Café.
• Lielā 6 | 3001 Jelgava
  Tel. 6302 6193
  www.hoteljelgava.lv

Restaurant

Ceplis €
Zentral gelegen, lettische Spezialitäten.
• Lielā 49 | Tel. 6302 4726
  3001 Jelgava

Schloss Rundāle 10 ⭐ [D7]

Ein Glanzpunkt jeder Lettland-Reise ist der Besuch von Schloss Rundāle, dem »Versailles an der Ostsee«. Es wurde 1735–1740 von Rastrelli als Sommerresidenz für Ernst Johann Biron, den nachmaligen Herzog von Kurland, errichtet. Im Ersten Weltkrieg erlitt das Schloss schwere Schäden; 1972 begann man jedoch mit Restaurierungsarbeiten, die nach über 40 Jahren nun endlich abgeschlossen sind.

Interieur

Die Repräsentationsräume und einige Privatgemächer der herzoglichen Familie wurden originalgetreu restauriert. **50 Dinge** ㉕ › S. 15. Besonders sehenswert ist der **Goldene Saal**, in dem der Herzog Audienzen gewährte. Seinen Namen verdankt er den prächtigen, vergoldeten Stukkaturen. Die Wände des **Rosenzimmers** überspannen kostbare Tapeten aus Seidenbrokat; ein Deckengemälde huldigt der Göttin Flora. Durch den **Weißen Saal** wirbelten früher tanzende Paare. Filigrane Stuckarbeiten und Spiegelfenster verleihen ihm strahlende Helligkeit (Juni–Aug. tgl. 10–18.30, Mai, Sept./Okt. 10 bis 17.30, Nov.–April 10–16.30 Uhr; deutschsprachige Führungen auf Anfrage unter Tel. 6396 2274, http://rundale.net).

Park von Schloss Rundāle

Parkanlage

Der riesige Schlosspark, den früher über 300 000 Linden zierten, wird derzeit nach Originalplänen Rastrellis rekonstruiert. Als Vorbild für die geometrische Anlage dienten französische Schlossgärten wie der Park von Versailles.

Hotel

Mežotnes Pils €€€
Prachtvolles, klassizistisches Schloss im gleichnamigen Dörfchen. Schöne, individuell eingerichtete Zimmer mit Blick in den englischen Landschaftsgarten; ausgezeichnetes Restaurant.
• Mežotnes pagasts | 3918 Bauska
  Tel. 6396 0711
  www.mezotnespils.lv

Restaurant

Schlossrestaurant Rundāle €€
Internationale Küche in feudalem Ambiente. Mi–So 10–18 Uhr.
• Tel. 2922 7369
  Rundāles pagasts | 3921 Rundāle

Bauska 11 [D7]

Östlich von Rundāle liegt mit Bauska (11 000 Einw.) eine der ältesten Städte Semgallens. Im 15. Jh. eroberte der Deutsche Orden das Gebiet und errichtete am Zusammenfluss von Mūsa und Mēmele eine Festung – die letzte in Lettland. Die beeindruckenden Ruinen der **Burg,** die dem Nordischen Krieg zum Opfer fiel, wurden kürzlich restauriert, ebenso der jüngste Teil der Anlage, ein schlossähnlicher Anbau aus dem 16. Jh. In seinen Räumen ist eine Ausstellung zur Geschichte der Burg untergebracht (Mai–Sept. tgl. 9–19, Okt. 9–18, Nov.–April Di–So 11–17 Uhr, http://bauskas pils.lv). In der Altstadt von Bauska sind noch hübsche Holzhäuser aus dem 18. und 19. Jh. zu sehen.

Info

Touristeninformation Bauska
• Rātslaukums 1 | 3901 Bauska
  Tel. 6392 3797
  www.tourism.bauska.lv

Hotel

Hotel Bauska €
Der Kastenbau aus der Sowjetzeit wurde unlängst komplett modernisiert; direkt am Busbahnhof.
• Slimnīcas 7 | 3901 Bauska
  Tel. 6392 0295
  www.abchotels.lv

Restaurant

Aveņi €
Bistro am Stadtrand, lettische Küche.
• Aveņmuiža | 3901 Bauska
  Tel. 6396 0150
  http://aveni.lv

Vidzeme / Nordosten

Sigulda 12 [E6]

Das Städtchen (12 000 Einw.) ist touristisches Zentrum des **Gauja-Nationalparks** › **S. 113**, der sich hier von seiner schönsten Seite präsentiert. Im 19. Jh. besaßen viele Adlige und reiche Kaufleute in Sigulda Sommerhäuser. Die Geschichte der Stadt reicht jedoch viel weiter zurück.

Im 13. Jh. errichteten die Kreuzritter am Gauja-Ostufer eine **Ordensburg.** Ihre Ruine wird im Sommer als Freilichtbühne genutzt. An der Stelle der Vorburgen der früheren Festung wurde im 19. Jh. das **Neue Schloss** erbaut, in dem heute der Stadtrat tagt (keine Besichtigung). Am anderen Flussufer steht die Ruine der **Burg Krimulda,** die im 13. Jh. für den Bischof von Rīga errichtet wurde. Das 1854 im Stil des Klassizismus erbaute **Schloss Krimulda** dient heute als Sanatorium. Etwa 2 km flussaufwärts thront auf einer Bergkuppe die **Burg Turaida.** Sie wurde im 13. Jh. anstelle der Holzburg des Livenführers Kaupo errichtet, brannte aber 1776 nieder. Schon in den 1950er-Jahren begann man mit dem Wiederaufbau; heute ist sie mit dem sie umgebenden Museumspark die Hauptattraktion der Stadt. Der Bergfried bietet einen herrlichen Blick auf das Gauja-Tal.

Gutmannshöhle

Mit 19 m Tiefe, 12 m Breite und 10 m Höhe ist die Gutmannshöhle (Gūtmaņa ala) die größte im Baltikum. Sie wird von einer Quelle durchflossen, um die sich viele Legenden ranken: So soll ein weiser Mann mit ihrem Wasser Kranke geheilt haben (an der Gaujas iela, die über die Gauja-Brücke zur Burg Turaida hinaufführt).

Info

Touristeninformation Sigulda
- Ausekļa 6 | 2150 Sigulda
  Tel. 6797 1335
  http://tourism.sigulda.lv

Aktivitäten

Makars
Geführte Kanutouren, Kanuvermietung
- Peldu 2 | 2150 Sigulda
  Tel. 2924 4948 | www.makars.lv

Hotel

Santa €
Kleines Haus im Grünen mit Restaurant und Sauna; Raftingtouren und Ausflüge in den Nationalpark.
- Kalnjāņi | 2150 Sigulda
  Tel. 6770 5271
  www.hotelsanta.lv

Restaurants

Aparjods €€
Restaurant mit rustikalem Ambiente im gleichnamigen Hotel, lettische und internationale Gerichte.
- Ventas 1a | 2150 Sigulda
  Tel. 6797 4414 | www.aparjods.lv

Kaķu Māja €
Zentral gelegenes Bistro mit guter Auswahl typisch lettischer Speisen und großer Sommerterrasse.
- Pils 8 | 2150 Sigulda
  Tel. 2915 0104 | www.cathouse.lv

Cēsis 13 ⭐ [E5]

2006 feierte die alte Hansestadt Cēsis (Wenden; 18 000 Einw.) ihren 800. Geburtstag. Ihr architektonisches Erbe ist entsprechend reich und wurde bereits zum großen Teil aufwändig restauriert. Mitten in der Stadt erhebt sich die imposante Ruine der **Ordensburg** (Mūra pils) aus dem 13. Jh. Sie war eine der stärksten Festungen des Deutschen Ordens in Lettland, bis Iwan der Schreckliche die Schwertbrüder 1577 in die Knie zwang. Der Nordische Krieg fügte ihr im 18. Jh. weitere schwer wiegende Schäden zu. Dennoch ist sie heute die am besten erhaltene Ordensburg im Baltikum (Mai–Sept. tgl. 10–18, Okt.–April Di–Sa 10–17, So 10–16 Uhr).

Einen schönen Blick auf die Ordensburg hat man vom **Nussberg** (Rieķstu kalns), der sich im Park des **Neuen Schlosses** (Jaunā pils) gleich neben der Ruine erhebt. In dem Herrenhaus, das ab 1777 auf den Resten der östlichen Vorburg für den Grafen Sievers erbaut wurde, ist heute das **Museum für Geschichte und Kunst** untergebracht (Di–So 10–17 Uhr). Die gotische **Johanneskirche** (Sv. Jāņa baznīca) wurde im 13. Jh. als Hauptkirche des Ordens erbaut, einige der Ordensmeister sind hier bestattet (Mai–Sept. tgl. 10–17 Uhr).

Denkmalgeschützte Häuser säumen die Rīgas iela, die belebte Hauptstraße der Altstadt. Noch aus dem 17. Jh. stammt das **Haus der Harmonie** (Harmonijas nams, Nr. 24), das einst Treffpunkt einer Musik- und Gesangsgesellschaft war.

Info

Touristeninformation Cēsis
- Pils laukums 9 | 4100 Cēsis
  Tel. 6412 1815
  www.tourism.cesis.lv

Verkehrsmittel

- 3 Zugverbindungen täglich nach Riga vom Bahnhof am Stacijas laukums; stündlich Busverbindungen in die Hauptstadt, Abfahrt vom Bahnhof.

Aktivitäten

Zagarkalns
Ferienkomplex mit Kanuverleih, Ausgangspunkt reizvoller Wanderwege entlang der Gauja.
- Murlejas 12 | 4101 Cēsis
  Tel. 2626 6266
  www.zagarkalns.lv

Eži
Outdoorzentrum mit Kanuverleih, geführte Flusstouren für Gruppen.
- Beātes 30 | 4201 Valmiera
  Tel. 6420 7263
  www.ezi.lv

Hotels

Kolonna Hotel Cēsis €€
Komfortabel und zentral gelegen. Zum Hotel gehört das **Café Popular** mit lettischer und internationaler Küche sowie Pizzen. Abends Livemusik.
- Vienības laukums 1 | 4101 Cēsis
  Tel. 6412 0122
  www.hotelkolonna.com

Ungurs €€
12 km außerhalb an der Landstraße nach Limbazi am Ungura-See gelegener Campingplatz mit 55 Betten in Holzhütten und Wohnmobilen.

- Raiskums | 4148 Cēsis
  Tel. 6413 4402 | alinakreile@inbox.lv
  www.kempingi.lv

Restaurant
Province €
Café-Restaurant mit Sommerterrasse, das
zu einem gut geführten Familienhotel
gehört. Große Portionen!
- Niniera 6 | 4101 Cēsis
  Tel. 2640 7008
  www.province.lv

Shopping
Piine
Souvenirgeschäft, in dem u.a. T-Shirts
und Keramik verkauft werden.
- Lenču 7 | 4101 Cēsis
  Tel. 2700 5544
  www.piine.lv

Gauja-Nationalpark ⭐
Cēsis liegt inmitten des Gauja-Nationalparks, dessen einzigartige
Landschaft sich zu Fuß, zu Pferd
oder mit dem Kanu erkunden lässt
(› **Special S. 43** sowie unter Sigulda
und Cēsis). Entlang der Gauja gibt
es 18 ausgewiesene Campingplätze.

Auf Wanderfreunde wartet eine
Vielzahl markierter Naturpfade,
über die das Besucherzentrum in
Sigulda sowie die Touristeninforma-
tionen in **Līgatne** und Cēsis informieren. 4 km südwestlich von Cēsis
beginnt z.B. ein Lehrpfad entlang
der Gauja, auf dem sich die geolo-
gische Formierung der Flusslandschaft seit der Eiszeit ablesen lässt.
Nordwestlich der Stadt erheben sich
die eindrucksvollen Adlerklippen
(Ērgļu klints). In der Nähe bietet ein
Aussichtspunkt einen grandiosen

Flussschleife der Gauja

Blick über den Nationalpark. Auch
von Līgatne aus führen eine Straße
und mehrere Wanderwege durch
das Tal.

Info
**Besucherzentrum des
Gauja-Nationalparks**
- Turaidas 2a | 2150 Sigulda
  Tel. 2665 7661
  www.gnp.lv
  April–Okt. tgl. 10–18, Nov.–März tgl.
  10–16 Uhr

Touristeninformation Līgatne
- Spriņģu 2 | 4110 Līgatne
  Tel. 6415 3169
  www.visitligatne.lv

Hotel
Lacu Miga €
Gästehaus im Blockhüttenstil mit 13
gemütlichen Zimmern und Restaurant.
Geführte Naturexkursionen.
- Gaujas 22 | 4110 Līgatne
  Mobil-Tel. 2913 3713
  www.lacumiga.lv

TALLINN

Kleine Inspiration

- **Auf dem Kulturkilometer** nach Kalamaja mit seinen alten Holzhäusern wandern und dort in kleinen Ateliers und Cafés Bohème-Flair schnuppern › S. 118
- **Bei einer Tasse Kaffee** auf dem Rathausplatz ganz Tallinn vorbeiflanieren sehen › S. 119
- **In der Nikolaikirche** Bernt Notkes Totentanz bewundern und danach einem stimmungsvollen Orgelkonzert lauschen › S. 119
- **Zum Ostseeufer** spazieren – im weitläufigen Park von Schloss Katharinental › S. 122

In Tallinns historischer Altstadt geben seit Jahrhunderten Handel und Handwerk den Ton an. Aristokratisch präsentiert sich hingegen die Oberstadt auf dem Domberg mit Dom, Newski-Kathedrale und Schloss.

Tallinn ist eine der ältesten Städte Nordeuropas – und zugleich eine der vitalsten und spannendsten. Die mittelalterlichen Wehrtürme, die gotischen Fassaden rund um den Rathausplatz und die zierlichen Kirchtürme der Unterstadt verströmen keine museale Atmosphäre, sondern bilden die wunderschöne Kulisse für eine Stadt, die sich nach der Wende 1991 enthusiastisch auf die Zukunft gestürzt hat und Versäumtes im Eiltempo nachzuholen versucht. Weil die Esten stolz sind auf ihre Geschichte, wurden die Zeugnisse der Vergangenheit liebevoll restauriert. Weil sie ehrgeizig sind, blicken sie zugleich immer nach vorn – und leben ganz im Hier und Jetzt. Das bedeutet, dass die Altstadt buchstäblich gepflastert ist mit gemütlichen Cafés, originellen Bars, erstklassigen Restaurants und schönen Geschäften.

Jenseits der Altstadtmauern locken im Vorort Kadriorg mit Schloss Katharinental und dem neuen Kunstmuseum KUMU zwei weitere hochkarätige Sehenswürdigkeiten. Pirita trumpft mit einem feinsandigen Strand und den romantischen Ruinen des Birgittenklosters. Westlich von Tallinn gibt das Freilichtmuseum Rocca al Mare einen Einblick in das bäuerliche Leben Estlands vom 18. bis 20. Jh.

Touren in Tallinn

 ## Die Altstadt

Route: Rathausplatz › Nikolaikirche › Domberg › Heiliggeistkirche › Gildehäuser › Olaikirche › Dicke Margarete › Stadtmauer › Schloss Katharinental

Karte: Seite 117
Dauer: etwa 4 Std
Praktische Hinweise:
- Die Sehenswürdigkeiten in der Altstadt erläuft man bequem zu Fuß.
- Nach Kadriorg verkehren die Straßenbahnlinien 1 und 3 sowie die Buslinien 31, 67 und 68.
- Eine Alternative sind die Sightseeing-Busse, die verschiedene Routen abfahren. Man kann die Touren nach Belieben unterbrechen (Tallinn City Tour, Tel. 627 9080, www.citytour.ee, Tagesticket 19 €).

Teil von Tallinns mittelalterlicher Stadtbefestigung: das Viru-Tor

In der Altstadt von Tallinn

Tour-Start:

Der Rundgang beginnt auf dem belebten **Rathausplatz** › S. 119. Nach einem Kaffee zum Auftakt schlendert man durch die Straßen Kullassepa und Niguliste zur mittelalterlichen **Nikolaikirche** 3 › S. 119, die heute ein sehenswertes Museum für sakrale Kunst beherbergt. Über das steile Lühike jalg erklimmt man anschließend den **Domberg** mit dem stattlichen **Schloss** 12 › S. 120, der reich geschmückten **Newski-Kathedrale** 11 › S. 120 und der **Domkirche** 13 › S. 121, einer der ältesten Kirchen Estlands. Von den Aussichtsterrassen bietet sich ein schöner Blick auf Unterstadt, Hafen und Meer. Für eine Pause bei einer Tasse Schokolade eignet sich das gemütliche, in die Stadtmauer integrierte **Café Bogapott** › S. 124. Über das Pikk jalg geht es nun entlang der alten Stadtmauer zur Pikk, Tallinns längster Straße. An ihr sind einige der wichtigsten Sehenswürdigkeiten aufgereiht: die **Heiliggeistkirche** 5 › S. 119, die **Gildehäuser** und die **Olaikirche** 7 › S. 120. Den Schlusspunkt bildet die **Dicke Margarete** 9 › S. 120, ein massiger Geschützturm. Je nach Lust und Laune kann man sich nun per Bus, per Taxi oder zu Fuß in den schönen Stadtteil Katharinental (Kadriorg) aufmachen. Ein Besuch des prächtigen Barockschlosses **Katharinental** 16 › S. 122 rundet die Tour ab.

 Tallinn per Rad

Route: Altstadt › Schloss Katharinental › Präsidentensitz › Sängerfestplatz › Pirita

Karte: Seite 122
Distanzen: 15 km; bei geruhsamer Fahrweise 2,5 Std.
Praktische Hinweise:
• Radverleih und geführte Radtouren organisiert City Bike Tours, Uus 33, Tel. 511 1819, www.citybike.ee, Start tgl. 11 Uhr, 16 €.

Tour-Start:

In der Altstadt ist man ohne Fahrrad beweglicher. Für die außerhalb gelegenen Sehenswürdigkeiten ist das Rad jedoch ein ideales Fortbewegungsmittel. Man verlässt die Altstadt über die Uus und Kanuti tänav, um anschließend rechts in

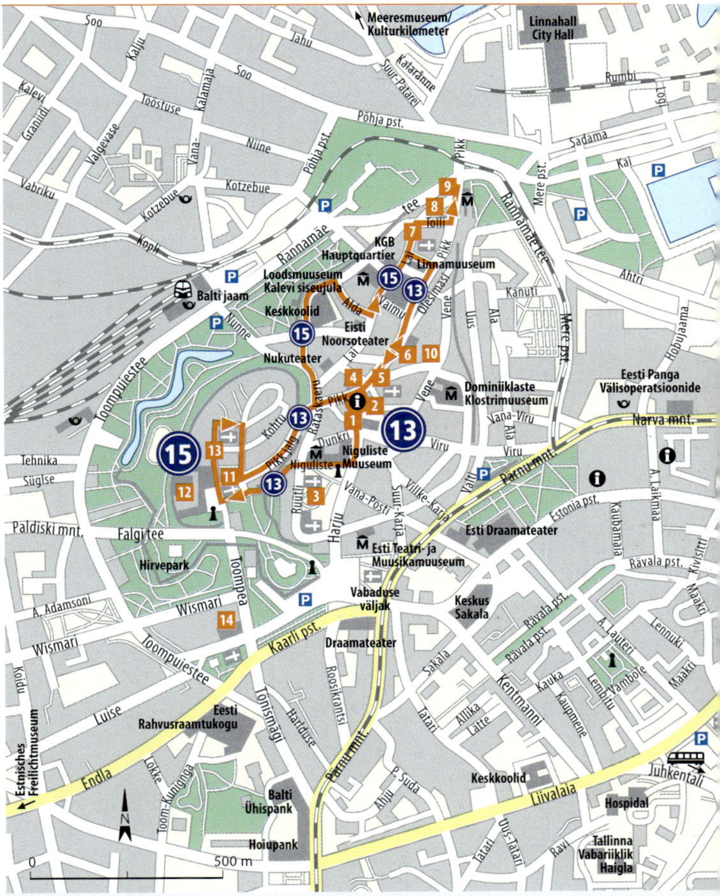

Touren in Tallinn

Tour 13

Tallinns Altstadt

Tour 15

View with a Brew – Kneipentour

1 Rathaus
2 Ratsapotheke
3 Nikolaikirche
4 Historisches Museum
5 Heiliggeistkirche
6 Schwarzhäupterhaus
7 Olaikirche
8 Drei Schwestern
9 Dicke Margarete
10 Stadtmuseum
11 Alexander-Newski-Kathedrale
12 Schloss Toompea
13 Domkirche
14 Okkupationsmuseum

15–17 › Karte S. 122

die Mere puieste abzubiegen. Nun geht es am Hafen entlang (Tuukri tänav), bevor man die Hauptstraße Narva mantee quert und über die A. Weizenbergi tänav nach Kadriorg gelangt. **Schloss Katharinental** 16 › S. 122 und der **Präsidentensitz** liegen in einer weitläufigen Parklandschaft, die von kleineren Straßen und Wegen durchzogen ist. Am Meer entlang fährt man nun in Richtung **Pirita** 17 › S. 123, etwa auf halbem Weg lohnt die **Sängerbühne** einen Stopp, von der die »Singende Revolution« ihren Ausgang nahm. Alle fünf Jahre ist sie Veranstaltungsort des nationalen Sängerfestes. In Pirita selbst sind die majestätischen Ruinen des **Birgittenklosters** sehenswert, die sich in einem Park am Ufer des Flusses Pirita erheben.

Tallinns spätgotisches Rathaus

View with a Brew – Kneipentour

Route: Domberg › Stadtmauer › KGB-Hauptquartier › Rathausplatz › diverse Bars

Karte: Seite 117
Dauer: etwa 4 Std.
Praktische Hinweise:
• Die Kneipentouren sind buchbar bei Est Adventures, Tel. 5308 8373, www.estadventures.ee, Preis je nach Teilnehmerzahl zwischen 35 und 60 € (bei nur 2 Pers.)

Tour-Start:

Zwar kann man die Erkundung von Tallinns Altstadt auch auf eigene Faust mit dem Besuch diverser Bars verbinden – schließlich gibt es genug davon. Dieser Rundgang lebt aber vom reichen Anekdoten-Schatz, den die einheimischen Guides (auf Englisch) vor ihren Zuhörern ausbreiten. Bei den Bar-Stopps hat man Gelegenheit, bei einem Drink oder kleinen Snack Fragen zum Leben in Tallinn zu stellen; das erste Bier geht stets auf den Guide. Zwischen diesen Thekenstationen besichtigen Sie den Domberg mit Newski-Kathedrale und Schloss, sehen Teile der Stadtmauer, das ehemalige KGB-Hauptquartier, das In-Viertel Kalamaja mit seinen alten Holzhäusern und natürlich den Rathausplatz, wo außer dem Rathaus und wunderschönen Fassaden auch nette Kneipen auf Sie warten.

Unterwegs in Tallinn

Unterstadt

Rathausplatz ⭐

Der Rathausplatz (Raekoja plats) ist das pulsierende Zentrum der Altstadt mit Cafés, Restaurants und Markt (jeden Sa). Beherrscht wird er vom spätgotischen **Rathaus** **1** **[b2]** (Raekoda), das eindrucksvolle Wasserspeier in Form von Drachenköpfen besitzt. Von der Aussichtsplattform des Turms bietet sich ein schöner Rundblick (Mai–Mitte Sept. tgl. 11–18 Uhr). Die Turmspitze ziert seit dem 16. Jh. der Alte Thomas (Vana Toomas), eine Wetterfahne in der Form eines Landsknechts.

Rund um den Rathausplatz befinden sich einige der schönsten gotischen Fassaden der Stadt, darunter die **Ratsapotheke** **2** **[b2]** aus dem 15. Jh., eine der ältesten Apotheken Europas (Mo–Fr 9–19, Sa 9–17 Uhr).

Nikolaikirche **3** [b2]

Die Nikolaikirche (Niguliste kirik) wurde im 13. Jh. von deutschen Kaufleuten und Handwerkern erbaut. Heute dient sie als Konzertsaal und als Zweigstelle des Estnischen Kunstmuseums, in der sakrale Kunst des Mittelalters gezeigt wird. Glanzstücke sind der **Hauptaltar** vom Lübecker Meister Hermen Rode (1481) und ein Fragment des »**Totentanzes**« von Bernt Notke (15. Jh.) (Niguliste tänav 3, Mai–Sept. Di–So 10–17 Uhr, Okt.–April Mi–So, Orgenkonzerte am Wochenende jeweils um 16 Uhr, www.nigulistemuuseum.ee).

Entlang der Pikk

Die Pikk ist die Hauptschlagader der Unterstadt. Auf ihr wurden einst die Handelsgüter vom Stadtzentrum zum Hafen transportiert, weswegen sie von Kaufmannshäusern und Kontoren gesäumt ist. Im Haus der Großen Gilde ist das **Historische Museum** **4** **[b2]** (Ajaloomuuseum) untergebracht. Schon die Fassade des 1407–1410 errichteten Gebäudes ist sehenswert; im Inneren dokumentieren Münzen, Gemälde und archäologische Fundstücke Estlands Geschichte (Pikk 17, Mai–Sept. tgl. 10–18, sonst Do–Di, www.ajaloo muuseum.ee). In der **Heiliggeistkirche** **5** **[b2]** (Pühavaimu Kirik) aus dem 13. Jh. wurden nach der Reformation die ersten Gottesdienste in estnischer Spache abgehalten. Ihr schöner Barockturm macht sie zu einer der meistfotografierten Kirchen der Stadt. Im Inneren lassen sich einzigartige Kunstschätze entdecken: Herausragend sind die Kanzel (1597), das barocke Chorgestühl und der 1483 vom Lübecker Meister Bernt Notke erschaffene Flügelaltar (Mai–Sept. Mo–Sa 9–18, So 9–10 Uhr, sonst nur vormittags).

Das **Schwarzhäupterhaus** **6** **[b2]** erhielt seine reich verzierte Renaissancefassade 1597. Unter dem Patronat des schwarzen Schutzheiligen Mauritius fanden sich hier unverheiratete Kaufleute zusammen. Das Gebäude ist nur im Rahmen von Kulturveranstaltungen zu besichtigen.

Blick vom Domberg auf die Olaikirche und die Türme der Stadtbefestigung

Der 124 m hohe Turm der **Olai-kirche 7** [b1] (Oleviste Kirik) ist Tallinns Wahrzeichen. Mit 159 m war er im 16./17. Jh. der höchste Europas. Die Kirche stammt aus dem 13. Jh., erhielt ihr heutiges Aussehen aber nach einem Brand im Jahre 1820 (Lai 50, Juli/Aug. tgl. 10–20, sonst 10–18 Uhr, www.oleviste.ee).

An der Ecke Tolli tänav/Pikk stehen die **Drei Schwestern 8** [b1], ein Baukomplex aus dem 15. Jh., der das Pendant zu den »Drei Brüdern« in Riga › **S. 92** bildet. Er beherbergt ein Luxushotel. An der Strandpforte wacht die **Dicke Margarete 9** [b1] (Paks Margareeta), ein Geschütz-turm aus dem 16. Jh., in dem das Estnische Museum für Seefahrt untergebracht ist (Pikk 70, Mai–Sept. tgl. 9–18, sonst Di–So 10–18 Uhr, www.meremuuseum.ee).

Stadtmuseum 10 [b2]

In einem Kaufmannshaus aus dem 14. Jh. ist das Stadtmuseum (Linna-muuseum) untergebracht, das auf anschauliche Weise die Geschichte Tallinns dokumentiert. Schwer-punkte bilden das Mittelalter und das 20. Jh. In der obersten Etage sind Exponate aus dem Zweiten Weltkrieg und aus der Sowjetzeit ausgestellt (Vene 17, März–Okt. Mi–Mo 10.30–18, sonst 10–17 Uhr, www.linnamuuseum.ee).

Oberstadt

Alexander-Newski-Kathedrale 11 [a2]

Die Zwiebeltürme der Alexander-Newski-Kathedrale dominieren Tallinns Silhouette. 1894–1900 als russisches Machtsymbol erbaut, ist sie im Inneren reich mit Mosaiken und Ikonen geschmückt. Die Glocke gilt als größte Estlands und wiegt über 15 t (tgl. 8–19 Uhr).

Schloss Toompea 12 [a2]

Gegenüber der Newski-Kathedrale liegt Schloss Toompea (Toompea loss), heute Sitz des estnischen Parlaments (keine Besichtigung). Dem repräsentativen Bau wurde im 18. Jh. ein Großteil der alten Burg geopfert. Von ihr zeugen noch der **Lange Hermann** (Pikk Hermann), der 48 m hohe, größte erhaltene Turm, sowie die Nord- und West-mauer und zwei weitere Türme. Die ursprüngliche Barockfassade wurde während der Oktoberrevolution zerstört und später im Art-Déco-Stil wieder aufgebaut.

Domkirche 🔳 ⭐ [a2]

Mittelpunkt des Dombergs (Toompea) ist die Domkirche (Toomkirik), eine der ältesten Kirchen des Landes. Ihr Erscheinungsbild ist spätgotisch, doch schon im 13. Jh. wurde hier für die deutsche Ritterschaft die Messe gelesen. Das Innere birgt wertvolle Kunstschätze, unter denen die **Grabmäler** mit lebensgroßen Figuren der Verstorbenen und die **Wappenschilde** des deutschbaltischen Adels herausragen (Juni–Aug. tgl. 9.30–17.30 Uhr, sonst kürzer, www.toomkirik.ee, Sa um 12 Uhr Orgelkonzerte).

Den schönsten Blick auf Tallinn genießt man von der nahen Aussichtsterrasse an der Kohtu – auf die roten Dächer der Unterstadt, die Kirchtürme, den Hafen und die Ostsee. **50 Dinge** ㉑ › **S. 14.**

Okkupations-museum 🔳 [a3]

Das Museum unterhalb des Dombergs dokumentiert mit einer modern präsentierten Sammlung die deutsche und die beiden sowjetischen Besatzungszeiten (Toompea 8, Juni–Aug. Di–So 10–18, sonst nur bis 17 Uhr, www.okupatsioon.ee).

Westlich des Zentrums

Meeresmuseum ⭐

Seit 2012 hat Tallinn ein neues Meeresmuseum im alten Wasserflughafen. Die multimediale Ausstellung dokumentiert die estnische Militär- und Seefahrtsgeschichte. **50 Dinge** ㉔ › **S. 15** (Vesilennuki 6, Mai–Sept. tgl. 10–19 Uhr, Okt.–April Di–So, www.lennusadam.eu). Der 2011 eingerichtete **Kulturkilometer** hat sich zu einem Hotspot entwickelt. Er beginnt am Meeresmuseum und führt in Richtung Passagierhafen. Zahlreiche Geschäfte und Lokale haben sich hier niedergelassen.

Estnisches Freilicht-museum

Im Estnischen Freilichtmuseum in Rocca al Mare 8 km westlich der Altstadt wurden über 70 ländliche Gebäude aus allen Regionen Estlands aufgebaut. Es gibt Windmühlen, eine Holzkirche und eine alte Dorfschenke, in der man sich mit traditionellen estnischen Gerichten stärken kann. Am Wochenende treten Folkloregruppen auf (Freigelände tgl. 10–20 Uhr, Gebäude Ende April–Ende Sept. tgl. 10–18, sonst 10–17 Uhr, www.evm.ee, Buslinien 21, 21B ab Hauptbahnhof).

Östlich des Zentrums

Estnisches Kunstmuseum (KUMU) 🔳

Ein eigenwilliger, futuristisch anmutender Bau des finnischen Architekten Pekka Vapaavuori beherbergt Estlands nationales Kunstmuseum. Auf drei Ebenen ist estnische Kunst vom frühen 18. Jh. bis heute zu sehen. **50 Dinge** ㉗ › **S. 15** (Weizenbergi 34, April–Sept Di–So 11–18 Uhr, sonst Mi–So, Mi jeweils 11–20 Uhr, www.kumu.ee).

Schloss Katharinental 16 ⭐

Das Schloss (Kadriorg), 3 km östlich von Tallinns Altstadt, gilt als schönstes Beispiel estnischer Barockarchitektur. Peter der Große ließ es 1718–36 als Sommerresidenz für seine Gattin Katharina errichten. Die Entwürfe gehen auf den italienischen Architekten Niccoló Michetti zurück. Heute beherbergt der von einem wunderschönen Park umgebene herrschaftliche Bau ein Kunstmuseum mit Sammlungen westeuropäischer und russischer Kunst (Weizenbergi 37, Mai–Sept. Di–So 10–17 Uhr, Okt.–April nur Mi–So, Mi jeweils 10–20 Uhr, www. kadriorumuuseum.ee).

Im **Peterhaus,** dem Sommerhaus des Zaren, kann eine Ausstellung über sein Leben besichtigt werden (Mai–Aug. Di–So 10–18, Sept.–April Mi–So 10–16 Uhr).

Tour durch Tallinn

Tour 14

Tallinn per Rad

1 – 14 › Karte S. 109

15 Estnisches Kunstmuseum (KUMU)

16 Schloss Katharinental

17 Pirita

Pirita

In Pirita wurden bei den Olympischen Spielen 1980 die Segelwettbewerbe ausgetragen. Heute sind der 2 km lange **Sandstrand** und der Jachthafen beliebte Naherholungsziele. Die malerischen Ruinen des **Birgittenklosters** dienen im Sommer als Kulisse für Theateraufführungen und Konzerte (www.pirita klooster.ee, Buslinien 1A, 8, 34A, 38 ab Viru keskus).

Info

Informationszentrum Tallinn [b2]
• Niguliste 2 / Kulassepa 4 | 10146 Tallinn
Tel. 645 7777
www.tourism.tallinn.ee
Juni–Aug. Mo–Fr 9–20, Sa, So 9–18 Uhr, sonst kürzer
• Die **Tallinn Card** gewährt freien Eintritt zu 40 Top-Attraktionen und berechtigt zu freier Fahrt im Nahverkehr. Sie kostet 31 € für 24 Std., 39 € für 48 Std. und 49 € für 72 Std.

Verkehrsmittel

• **Flughafen:** Der Flughafen (www.tallinn-airport.ee) liegt etwa 15 Autominuten südöstlich der Altstadt; Busverbindung alle 20 Min. (7–24 Uhr; 2 €). Taxi ins Zentrum ca. 10 €.
• **Busbahnhof:** Tallinna Bussiterminal (Lastekodu 46, Info Tel. 12550, www.tpilet.ee). Verbindungen nach Deutschland, Polen und Russland, nach Rīga und Vilnius sowie in jedes größere Dorf Estlands.
• **Bahnverbindungen:** Vom Hauptbahnhof (Toompuiestee 37, Tel. 631 0023) Verbindungen nach Viljandi, Tartu, Narva, Pärnu (http://elron.ee) oder St. Petersburg und Moskau.

• **Schiffsverbindungen:** Fähren nach Helsinki, Stockholm und Rostock (via Helsinki).

Hotels

Merchant's House €€€ [b2]
Komfortables und modernes Haus in mittelalterlichem Gebäude. ! An der Bar kann man seinen Wodka in einer Eisschicht versenken.
• Dunkri 4/6 | 10123 Tallinn
Tel. 697 7500
www.merchantshousehotel.com

Schlössle €€€ [b2]
! In diesem geschmackvoll restaurierten Haus im Herz der Altstadt nächtigen auch Estlands Staatsgäste.
• Pühavaimu 13/15
10123 Tallinn
Tel. 699 7700
www.schlossle-hotels.com

Telegraaf €€€ [b2]
Todschickes neues Hotel in der Altstadt mit Spa und französisch-russischem Restaurant, untergebracht im früheren Telegrafenamt aus dem 19. Jh.
• Vene 9 | 10123 Tallinn
Tel. 600 0600
www.telegraafhotel.com

SEITENBLICK

Ausflug ab Tallinn

In eine ganz andere Welt entführt ein Tagesausflug in den **Lahemaa-Nationalpark** › **S. 137.** Nur 80 km von Tallinn entfernt warten eine zerklüftete Küstenlandschaft mit idyllischen kleinen Fischerdörfern und alte deutschbaltische Gutshöfe inmitten einsamer Wälder.

The Three Sisters €€€ [b1]

❗ 5-Sterne-Hotel in liebevoll restauriertem Gebäude des 15. Jhs. mit jedem erdenklichen Luxus.
• Pikk 71/Tolli 2 | 10133 Tallinn
  Tel. 630 6300
  www.threesistershotel.com

Meriton Old Town Hotel €€ [b1]

Modernes Hotel in einem Gebäude des 19. Jhs.; schöne Lage am Nordrand der Altstadt. In die Lobby ist ein Teilstück der Stadtmauer integriert.
• Lai 49 | 10133 Tallinn
  Tel. 614 1300
  www.meritonhotels.com

Von Stackelberg
Hotel Tallinn €€ [a3]

Gestylte, modern-kühle Unterkunft am westlichen Rand der Altstadt. Die Zimmer nennen sich »Zen Rooms«.
• Toompuiestee 23 | 10137 Tallinn
  Tel. 660 0700
  www.uniquestay.com

Restaurants
Le Bonaparte €€€ [b2]

Französische Küche in einem liebevoll restaurierten Gebäude des 13. Jhs. »Le Cellier« im Kellergewölbe hat etwas moderatere Preise.
• Pikk 45 | 10133 Tallinn
  Tel. 646 4444 | www.bonaparte.ee

Balthasar €€ [b2]

Hier werden alle Gerichte mit Knoblauch zubereitet – sogar die Desserts (z. B. Eis mit mariniertem Knoblauch). Beim Essen genießt man einen schönen Blick auf den Rathausplatz.
• Raekoja plats 11 | 10146 Tallinn
  Tel. 627 6400 | www.balthasar.ee

Kuldse Notsu Kõrts €€ [b2]

❗ Deftige estnische Gerichte mit Schweinebraten, Blutwurst und Sauerkraut, gemütliches Ambiente mit viel Holz.
• Dunkri 8 | 10123 Tallinn
  Tel. 628 6567
  www.hotelstpetersbourg.com

Olde Hansa €€ [b2]

Mittelalterliche Speisen, Gewürzbier, Pfeifenklänge und kostümiertes Personal beschwören Tallinns Vergangenheit herauf. **50 Dinge** ⑲ › S. 14.
• Vana Turg 1 | 10140 Tallinn
  Tel. 627 9020 | www.oldehansa.org

Café
Café Bogapott [b2]

Das gemütliche Café scheint mit der Stadtmauer des Dombergs verwachsen zu sein. Serviert werden Sandwiches und Kuchen (10–18 Uhr). Im Nebenraum kann man Töpfern bei der Arbeit zusehen – und die schönsten Stücke gleich als Souvenir mitnehmen.
• Pikk jalg 9 | 10130 Tallinn
  Tel. 631 3181 | www.bogapott.ee

Shopping

Unweit vom Rathaus beginnt die **Viru tänav**, Tallinns Einkaufsmeile. Alle internationalen Ketten sind hier vertreten.

Eesti Käsitöö Maja [b2]

Estnisches Kunsthandwerk von Keramik über Textilien bis zu Holzarbeiten und Lederwaren.
• Pikk 22 | 10133 Tallinn
  www.crafts.ee

Katharinengilde [b2]

Hochwertiges estnisches Kunsthandwerk.
• Vene 12 | 10140 Tallinn

Estonian Designhouse [b1]

Auf dem Gelände des ehemaligen Fi-
scherhafens präsentieren aufstrebende
und bereits etablierte estnische Designer
ihre Kreationen in einem Showroom und
Verkaufsraum.

- Kalasadama 8 | 10415 Tallinn
  www.estoniandesignhouse.ee

**IIDA – Estonian Textile,
Design & Fashion** [b2]

Mode, Schmuck und Heimtextilien junger estnischer Designer.

- Suur-Karja 2 | 10140 Tallinn
  www.iidadesign.eu

Nu Nordik [b3]

Möbel, Kleider und Accessoires in nor-
disch-unaufgeregtem, reduziertem Stil.

- Vabaduse Väljak 8 | 10146 Tallinn
  www.nunordik.ee

Nightlife

Nimeta Baar [b2]

Die »Bar ohne Namen« ist im Tallinner
Nachtleben eine feste Größe. Hier tref-
fen sich Touristen, in Tallinn lebende
Ausländer und Einheimische.

- Suur-Karja 4 | 10140 Tallinn
  www.nimetabaar.ee

Café Amigo [c2]

Populärer Livemusik-Klub; ab 22 Uhr
spielen Rock- und Bluesbands.

- Viru väljak 4 (im Hotel Viru)
  10143 Tallinn
  www.amigo.ee

Hell Hunt [b2]

Gemütlicher Pub mit einer hervorragenden Auswahl an Biersorten.

- Pikk 39 | 10133 Tallinn
  www.hellhunt.ee

**! Erst-
klassig**

Märkte mit Lokalkolorit

- **Kalvarijų-Markt, Vilnius:** Großer Markt unter freiem Himmel,
  auf dem nicht nur frisches Gemüse und Fleisch, sondern auch Bücher, Elektroartikel und Möbel
  angeboten werden (Kalvarijų 61,
  Mo–Do 8–17, Fr 8–16 Uhr, www.
  kalvariju-turgus.lt).

- **Halės-Markt, Vilnius** [a3]: In
  dem renovierten Hauptgebäude
  aus dem 19. Jh. gibt es vor allem
  lokale Spezialitäten, im moder-
  nistischen Glasbau gleich nebenan überwiegend Billigmode (Pylimo 58, Di–Sa 7–18, So 7–15 Uhr,
  www.halesturgaviete.lt).

- **Zentralmarkt, Rīga:** Reges
  Markttreiben in fünf riesigen Hal-
  len und auf der großen Freifläche
  davor › S. 97.

- **Kunst- und Bio-Markt, Rīga:**
  Lettisches Kunsthandwerk und
  Bioprodukte findet man sams-
  tags im Kalnciema-Quartier
  (Kalnciema 35, Sa 10–16 Uhr,
  www.kalnciemaiela.lv).

- **Wollmarkt, Tallin** [b3]: Hand-
  gestricktes in leuchtenden Farben
  und skandinavischen Mustern –
  und das immer noch recht preiswert (Müürivahe, tgl. 9–17 Uhr).

- **Sadama Turg, Tallinn** [c1]: Der
  neue Markt am Hafen lockt mit
  einer guten Mischung aus saiso-
  nalen Lebensmitteln, Blumen und
  Bekleidung (Sadama 25-4, Mo–Fr
  10–19, Sa, So 10–15 Uhr, www.
  sadamaturg.ee).

ESTLAND

Kleine Inspiration

- **Ein Schlammbad** in Haapsalu nehmen – wie schon die russische Zarenfamilie › S. 131
- **Den Wind im Haar** spüren bei einer Radtour über die Insel Saaremaa › S. 133
- **Die Kultur- und Kneipenszene** der lebendigen Universitätsstadt Tartu entdecken › S. 142
- **Vom höchsten Berg** des Baltikums nach Russland hinüberblicken › S. 144

Estland ist ein Naturparadies mit urwüchsigen Landschaften, in denen verstreut alte deutschbaltische Gutshöfe liegen. Highlights sind die einsamen Inseln vor der
Westküste und der Lahemaa-Nationalpark.

So geschäftig und modern es in Tallinn zugeht, so ländlich-gemütlich
ist es im übrigen Estland. Kilometerlange unverbaute Strände säumen die Westküste, wo man sich in
traditionsreichen Badeorten wie
Haapsalu und Pärnu nach allen Re-
geln der Kunst verwöhnen lassen
kann. Vor der Küste liegen einsame
Inseln mit unberührter Natur und
verträumten kleinen Fischerdörfern;
die beiden größten, Hiiumaa und
Saaremaa, zählen zu den schönsten
Reisezielen des Landes.

Touristisch sehr viel besser er-
schlossen ist der Lahemaa-Nationalpark im Norden Estlands; zerklüftete
Buchten, einsame Wälder und ver-
steckt liegende Herrensitze machen
den Reiz dieser Gegend aus. Jenseits
der Nationalparkgrenzen beginnt
mit dem Glint ein spektakulärer
Küstenabschnitt, den steil abfallende Kalkfelsen und daran herunter-
rieselnde Wasserfälle prägen.

Das Zentrum Südestlands ist die
Universitätsstadt Tartu mit historischer Altstadt und studentisch ge-
prägter Kultur- und Kneipenszene.
Etwas weiter südlich kann man vom
höchsten Berg des Baltikums in eine
wald- und seenreiche Hügellandschaft schauen, die als eine der reiz-
vollsten in Estland gilt.

Touren in Estland

 ## Höhepunkte Estlands

**Route: Tallinn › Haapsalu › Saare-
maa › Pärnu › Tartu › Lahemaa-
Nationalpark**

Karte: Seite 128
Distanzen: 758 km; 7 Tage
Praktische Hinweise:
• Obwohl die Tour mit Linienbussen
durchführbar ist, ist man mit dem
(Miet-)Wagen am flexibelsten.

• Die Fähre von Virtsu nach Muhu
verkehrt im Sommer stündlich
(Fahrtzeit 30 Min., Pkw 7,40 €,
Erw. 2,60 €, www.tuulelaevad.ee).

Tour-Start:

Zwei Tage sollte man einplanen, um
in **Tallinn › S. 114** die mittelalterliche
Altstadt und den Stadtteil Kadriorg
zu erkunden. Anschließend führt
der Weg an der Küste entlang zum

Findlinge im Lahemaa-Nationalpark

nostalgischen Bade- und Kurort **Haapsalu** [1] › S. 131, wo man in frischer Seeluft ausgiebig Gesundheit tanken kann. Anderntags setzt man mit der Fähre von Virtsu nach Muhu (Kuivastu) über. **Muhu** › S. 135 und **Saaremaa** › S. 133 verbindet eine Brücke. Die Bischofsburg in **Kuressaare** [5] › S. 133, hölzerne Windmühlen und eine weitgehend unbe-

Touren in Estland

Tour (16) **Höhepunkte Estlands** Tallinn › Haapsalu › Saaremaa › Pärnu › Tartu › Lahemaa-Nationalpark

rührte Natur machen die ländliche Insel zum lohnenden Ziel. Zurück auf dem Festland wird **Pärnu** 9 › **S. 136** angesteuert. In Estlands Sommerhauptstadt erwarten den Besucher eine hübsche Altstadt und ein traumhafter Sandstrand mit lebhaftem Badebetrieb. Durch den grünen Süden Estlands geht die Fahrt anschließend über Tõrva nach

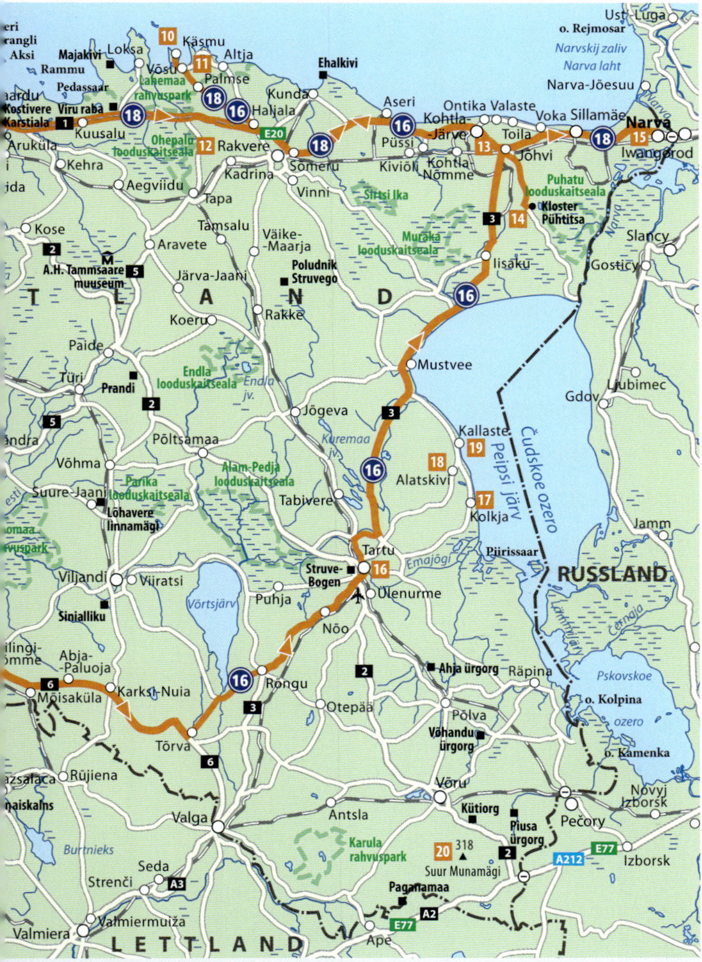

Tartu 16 › S. 142. Die Universitäts-stadt ist das geistige Zentrum des Landes und besitzt außer einer reiz-vollen Altstadt viele gute Restau-rants und Cafés. Noch einmal mit-ten in die Natur führt die letzte Touretappe. Auf dem Weg nord-wärts erreicht man bei Mustvee das Ufer des **Peipus-Sees** › S. 144, Euro-pas fünftgrößtem Binnensee. Hier lohnt sich ein Zwischenstopp – am Nordufer gibt es schöne Sandsträn-de, an denen man meist mit sich und der Natur allein ist. Der **Lahe-maa-Nationalpark** › S. 137 vereint schließlich mit zerklüfteter Küste, malerischen Gutshöfen und viel Wald alle Vorzüge Estlands.

Inselzauber

Route: Haapsalu › Hiiumaa › Saaremaa › Muhu

Karte: Seite 128
Distanzen: 134 km; 5 Tage
Praktische Hinweise:
• Fähren verkehren in relativ kurzen Abständen zwischen dem Festland und den Inseln sowie zwischen den Inseln. Fahrpläne und Tarife unter www.tuulelaevad.ee.

Tour-Start:

Reif für die Inseln? Dann sollte man sich fünf Tage für etwas gönnen, was manche für die schönste Seite Estlands halten: die Inselwelt. Los geht es in **Haapsalu 1** › S. 131 auf dem Festland. Mit der Fähre setzt man von Rohuküla nach Heltermaa auf die Insel **Hiiumaa** › S. 132 über.

Ihre noch fast unberührte Natur lässt sich per Rad, mit dem Pferd oder zu Fuß erkunden. Von Sõru im Süden Hiiumaas nimmt man die Fähre zum Hafen Triigi bei Leisi auf **Saaremaa** › S. 133. Dort steuert man zunächst die Inselhauptstadt **Kures-saare 5** › S. 133 an, die ein guter Ausgangspunkt für Erkundungen ist. Unbedingt gesehen haben sollte man den Kaali-Krater, der durch ei-nen Meteoriteneinschlag vor etwa 4000 Jahren entstand, und die Windmühlen in Angla – eines der schönsten Fotomotive Saaremaas. Die idyllische kleine Insel **Muhu** › S. 135 erreicht man über eine Brü-cke. Hier kann man sich im Hotel Pädaste Manor › S. 136 verwöhnen lassen und die Stille der Natur ringsum genießen. Von Kuivastu auf Muhu gelangt man per Fähre zurück aufs Festland.

Findlinge und Herrenhäuser

Route: Tallinn › Lahemaa-National-park › Rakvere › Glintküste › Kloster Pühtitsa › Narva

Karte: Seite 128
Distanzen: 209 km; 2–3 Tage
Praktische Hinweise:
• Am bequemsten ist man mit dem (Miet-)Wagen unterwegs (insbe-sondere im Lahemaa-National-park). Trotzdem ist auch diese Tour mit Linienbussen realisierbar. Inner-halb der Parkgrenzen sind die Bus-verbindungen eher dürftig.

Tour-Start:

Von **Tallinn** › **S. 114** aus fährt man in östlicher Richtung an der Küste entlang bis nach Palmse, wo sich in einem der schönsten deutschbaltischen Gutshöfe das Besucherzentrum des **Lahemaa-Nationalparks** › **S. 137** befindet. Hier starten mehrere markierte Wanderwege und man bekommt Tipps für weitere Unternehmungen. Im Park sollte man unbedingt Käsmu anschauen, eines der idyllischsten Dörfer Estlands auf einer Halbinsel voller eindrucksvoller Findlinge; lohnend sind außerdem Altja, Võsu und der Gutshof Sagadi. Übernachtet wird in Käsmu oder **Rakvere** 12 › **S. 139**, wo die Ruinen der Ordensburg Beachtung verdienen. Auf der Weiterfahrt gen Osten passiert man mit der **Glintküste** › **S. 140** einen der spektakulärsten Küstenabschnitte Estlands. Bevor man Narva erreicht, lohnt ein Abstecher zum 23 km südlich gelegenen **Kloster Pühtitsa** 14 › **S. 140**, dem einzigen russisch-orthodoxen Nonnenkloster Estlands. **Narva** 15 › **S. 141** liegt landeinwärts, an der Küste träumt das ehemals glanzvolle Seebad **Narva-Jõesuu** › **S. 141** von besseren Zeiten. Unbedingt sehenswert sind die eindrucksvolle Hermannsfestung und ihr russisches Pendant Iwangorod jenseits des Grenzflusses Narva.

Unterwegs in Estland

Westküste und Inseln

Haapsalu 1 ⭐ [D3]

Das Bilderbuchstädtchen Haapsalu (12 000 Einw.) war einst ein eleganter Kurort, in dem auch die russische Zarenfamilie öfters verweilte. Ein Überbleibsel aus dieser Zeit ist der **Alte Bahnhof** von 1906, der damals den längsten überdachten Bahnsteig Europas besaß. Auch das 1905 erbaute **Kurhaus,** ein reich verzierter Holzbau am Beginn der Strandpromenade, spiegelt den Glanz jener Tage. Heute finden hier Konzerte statt, z. B. das Streicherfestival im Juli (Terminauskünfte bei der Touristeninformation).

Schmale Gassen und bunte Holzhäuser des 19. Jhs. prägen das Bild der Altstadt. Ihr Zentrum bildet die **Bischofsburg** aus dem 13. Jh., die heute Schauplatz kultureller Veranstaltungen ist. Die Burgmauern um den grünen Innenhof bieten eine romantische Kulisse (tgl. 7–24 Uhr).

In einem kleinen Holzhaus in Haapsalu (Linda 6) wuchs Ilon Wikland auf, die Illustratorin der Kinderbücher von Astrid Lindgren. 1944 flüchtete Wikland nach Schweden. Wer genau hinschaut, wird Ähnlichkeit zwischen Haapsalu und Bullerbü feststellen. **Ilon's Wonderland** zeigt Arbeiten der berühmten Künstlerin (Kooli 5, Mai–Aug. tgl. 11–18, sonst Mi–So 11–17 Uhr, www.ilon.ee).

Info

Touristeninformation Haapsalu
- Karja 15 | Haapsalu 90504
  Tel. 473 3248
  www.visithaapsalu.com

Verkehrsmittel

- Die **Fähren** nach Hiiumaa (Hafenort Heltermaa) und Vormsi legen in Rohu-küla 10 km westlich von Haapsalu ab (Fahrtzeit 90 Min., Pkw 8,80 €, Erw. 3 €). Fahrpläne, Preise und Reservierungen für den gesamten Inselverkehr vor der Westküste unter Tel. 452 4444 oder www.tuulelaevad.ee.

Hotel

Spa Hotel Laine €€
Modernes Hotel am Strand mit breitem Wellnessangebot und Schwimmbad. Restaurant mit Meerblick.
- Sadama 9/11 | 90502 Haapsalu
  Tel. 472 4400
  www.laine.ee

Restaurant

Kuursaal €€
Cocktails zum Sonnenuntergang und gute internationale Küche in nostalgischem Ambiente (Mai–Sept.).
- Promenaadi 1 | 90502 Haapsalu
  Tel. 475 7500
  www.haapsalukuursaal.ee

Hiiumaa

Wer Ruhe sucht, ist hier richtig: Estlands zweitgrößte Insel (989 km²) hat nur 11 000 Einwohner und steht unter Naturschutz. Siedlungen konzentrieren sich an der Küste; das Inselinnere ist von Mooren, Wäldern und Wacholderheiden bedeckt. Zur Fauna gehören Elche und Luchse. Touristisches Zentrum ist **Kärdla** 2 [C3], ein gepflegtes Städtchen im Nordwesten Hiumaas.

Auf der Halbinsel **Kõpu** 3 [C3/4] im Westen weist schon seit dem 16. Jh. ein Leuchtturm den Weg; von seiner Aussichtsplattform (130 Stufen) hat man einen schönen Blick auf die Küste (Mai–Mitte Sept. tgl. 10–20 Uhr).

Das spätbarocke **Gutsschloss Suuremõisa** 4 [C4] gehört zu den schönsten Herrenhäusern des Baltikums. Es liegt in einem verwunschenen Park mit knorrigen alten Bäumen und Teichen. Heute beherbergt der Bau zwei Schulen, lohnt aber auf jeden Fall einen Abstecher (6 km vom Hafen Heltermaa).

Info

Touristeninformation Hiiumaa
- Hiiu 1 | Kärdla | 92413 Hiiumaa
  Tel. 462 2232
  www.hiiumaa.ee

Verkehrsmittel

- **Fähre** vom Hafen Sõru nach Saaremaa (Hafen Triigi bei Leisi) 4-mal tgl.; Fahrtzeit ca. 1 Std., Pkw 7,40 €, Erw. 2,60 €, www.tuulelaevad.ee.
- **Bootstouren** zu den kleineren Inseln organisiert das Hotel Liilia › S. 133, das auch einen Bootsverleih betreibt.

Hotels

Heltermaa €€
Freundliches Hotel am Fährhafen, 18 moderne Zimmer, alle mit Meerblick; Restaurant, Bar, Sauna.
- Pühalepa | Heltermaa | 92312 Hiiumaa
  Tel. 469 4146
  www.heltermaahotell.ee

Die Bockwindmühlen bei Angla sind ein Wahrzeichen Saaremaas

Spa Lõokese €€

Wellnesshotel in schöner Lage unweit von Käina; Outdoorpool und Sauna.

• Lõokese 14 | Käina | 92101 Hiiumaa
  Tel. 463 6146
  www.lookese.ee

Restaurants

Lest & Lammas €€

Grillrestaurant mit Schwerpunkt auf Lamm und Fisch. Im Sommer sitzt man auf der großen Terrasse im Freien.

• Kassari küla | Käina vald
  92111 Hiiumaa | Tel. 469 7169
  http://kassarikeskus.ee

Liilia €€

Hotel-Restaurant mit internationaler Küche und estnischen Spezialitäten. An der Rezeption kann man auch Fahrräder leihen.

• Hiiu 22 | Käina | 92101 Hiiumaa
  Tel. 463 6146
  www.liiliahotell.ee

Saaremaa ★

Nach Jahrzehnten als militärisches Sperrgebiet hat der Tourismus Saaremaa (Ösel, 37 000 Einw.) wach geküsst: Die größte estnische Insel präsentiert sich als eine Sommeridylle wie aus vergangener Zeit, mit viel unberührter Natur, bunten Holzvillen und alten Windmühlen. Der Tourismus konzentriert sich auf Kuressaare. Auf dem Weg vom Hafen bei Leisi dorthin kommt man an **Angla** mit seinen für Saaremaa typischen Bockwindmühlen vorbei. Das Dorf **Karja** besitzt eine Wehrkirche aus dem 13. Jh. Der Kratersee bei **Kaali** entstand, als vor ca. 4000 Jahren ein Meteorit auf Saaremaa aufschlug.

Kuressaare 5 [c4]

Der mit 16 000 Einwohnern größte Ort der Insel war einst als Arensburg in deutschen Karten verzeich-

Bischofsburg in Kuressaare

net. In der hübsch restaurierten Altstadt stehen klassizistische Bürgerhäuser neben prachtvollen Holzvillen aus dem 19. Jh.

Die **Bischofsburg** aus dem 14. Jh. dominiert das Städtchen. Sie ist die am besten erhaltene Burg des Ritterordens im Baltikum. Den quadratischen Hof umgeben schwere Befestigungsmauern mit zwei mächtigen Wehrtürmen; im Inneren informiert ein Museum über die Geschichte der Insel. Im Burghof finden im Sommer Kulturveranstaltungen statt. Umgeben ist die Anlage von einem im 19. Jh. angelegten Park (Mai–Aug. tgl. 10–19, sonst Mi–So 11–18 Uhr).

Über die Insel

Gleich hinter Kuressaare beginnen Birken- und Kiefernwälder. Nordwärts fahrend erreicht man den Sprengel **Tagaranna** 6 [C4], ! wo jedes der kleinen Holzhäuser von ei-

ner Steinmauer umgeben ist. Selbst die Äcker sehen aus, als wüchsen hier nur Steine aus dem Boden.

Südwestlich von Kuressaare erstreckt sich die dünn besiedelte **Sõrve-Halbinsel** 7 [C5] mit touristisch noch wenig erschlossenen Sandstränden. Hier kann man bis zum Leuchtturm am Ende der Landzunge fahren und nach Lettland hinüberträumen.

Info

Touristeninformation Kuressaare
• Tallinna 2 | 93819 Kuressaare
Tel. 453 3120
www.saaremaa.ee

Verkehrsmittel
• **Busbahnhof:** Pihtla tee 2, Kuressaare, Tel. 453 16 60. Verbindungen in alle größeren Städte Estlands.
• **Flughafen:** Roomassaare tee 1, Tel. 453 0313, www.kuressaare-airport.ee. Flüge nach Tallinn tgl. außer Sa.

Aktivitäten
- **Geführte Radtouren** von 3 Std. bis zu mehreren Tagen veranstaltet das Reisebüro Mere (www.rbmere.ee).

Hotels
Arensburg €€€
25 Zimmer in einem historischen Gutshof mitten in der Altstadt von Kuressaare. Schönes Restaurant und Weinstube mit offenem Kamin.
- Lossi 15 | 93816 Kuressaare
  Tel. 452 4700
  http://arensburg.ee

Georg Ots Spa €€€
Modernes Wellnesshotel am Sandstrand von Kuressaare › **S. 32**.
- Tori 2 | 93810 Kuressaare
  Tel. 455 0000
  www.gospa.ee

Spa Hotel Rüütli €€
Wellnesshotel am Jachthafen mit Pool und Kinderbetreuung; Spa Packages.
- Pargi 12 | 93810 Kuressaare
  Tel. 454 8100
  www.sanatoorium.ee

Camping Tehumardi €
Campingplatz mit westlichen Standards; im Norden der Sõrve-Halbinsel gelegen (15 Automin. von Kuressaare). Unterschiedlich große Holzhäuschen; Sauna.
- 93201 Salme
  Tel. 457 1666
  www.tehumardi.ee

Restaurants
Veski €€
Estnische Küche in den rustikalen Räumen einer mehr als 100 Jahre alten Windmühle.
- Pärna 19 | 93814 Kuressaare
  Tel. 453 3776
  www.veskitrahter.ee

Vaekoda €
Fisch- und Wildgerichte im ehemaligen Waagehaus, große Terrasse.
- Tallinna 3 | 93819 Kuressaare
  Tel. 453 3020
  www.vaekoda.ee

Muhu
Eine Brücke verbindet Saaremaa mit Muhu. Das Inselchen hat 2000 Einwohner – entsprechend ruhig geht es hier zu. Touristische Infrastruktur ist kaum vorhanden, was für viele jedoch gerade den Reiz dieser Insel ausmacht. Weites Land mit windgepeitschten Wacholderbüschen, Findlinge und Bruchsteinmauern prägen das Bild. Kurz vor dem Damm nach Saaremaa steht die Eemu-Bockwindmühle direkt an der Straße (Mi–So 10–18 Uhr).

Das unter Denkmalschutz stehende Dorf **Koguva** 8 [C4] ist heute ein bewohntes Freilichtmuseum mit Reetdachhäusern, blühenden Bauerngärten und moosbewachsenen Steinmauern, von denen einige schon 200 Jahre alt sind. Eine kleine Ausstellung dokumentiert das Inselleben. Von Koguva führt eine schöne Wanderung auf einer Sandbank zum Eiland Kõinastu (ca. 3 km).

Verkehrsmittel
- Von Virtsu auf dem Festland aus verkehren **Fähren** zum Hafenort Kuivastu; in der Hauptsaison stündlich. Fahrzeit ca. 30 Min., Pkw 7,40 €, Erw. 2,60 €, Tel. 452 4444, www.tuulelaevad.ee.

Aktivitäten

• Reitwanderungen und Ausritte organisiert der **Reiterhof Tihuse Hobuturismitalu** (Tel. 514 8667, www.tihuse.ee) in Hellemaa. Packages für Reiter bietet auch **Pädaste Manor** › **unten.**

Hotels

Pädaste Manor €€€

⚠️ Restaurierter Gutshof aus dem 16. Jh. in ruhiger Lage am Meer. Gourmetrestaurant und Wellnessbereich.

• Pädaste | 94716 Muhu
  Tel. 454 8800
  www.padaste.ee

Vanatoa €

Gemütliches Gästehaus in Koguva. Reservierung erforderlich!

• Koguva | 94724 Muhu
  Tel. 5558 7494
  www.vanatoa.ee

Restaurant

Muhu Restoran €–€€

Internationale Küche von Pasta bis zu Wok-Gerichten aus heimischen Zutaten. In einem Nebengebäude wird Kunsthandwerk verkauft.

• Liiva | 94701 Muhu
  Tel. 459 8160 | http://muhurestoran.ee

Pärnu 🟧9 ⭐ [D4]

Pärnu (43 500 Einw.) ist die offizielle Sommerhauptstadt Estlands und verströmt mit Cafés und hübscher Strandpromenade geradezu südländisches Flair. ⚠️ Der kilometerlange Sandstrand ist breit und sauber. Erst jenseits der Stadtgrenzen verliert er sich in Schilfgras – hier ist die Natur noch unberührt. Pärnu hat eine lange Tradition als Kurort: Seit 150 Jahren kann man hier seine Leiden mit Schlammbädern kurieren. Neben den Kureinrichtungen tragen alte Parks und schattige Alleen zum Wohlbefinden der Urlauber bei.

Hinter dem Strand erstreckt sich der 1882 angelegte **Rannapark,** an dem viele Hotels und Restaurants liegen. In die Altstadt gelangt man von hier aus durch das **Tallinner Tor** (Tallinna värav), das einzige erhaltene Tor der Stadtbefestigung des 17. Jhs. Heute ist hier ein gemütliches Café mit Terrasse untergebracht. Die orthodoxe **Katharinenkirche** (Katariina kirik) ist mit ihrer von vier Türmen umgebenen, runden Kuppel das Wahrzeichen der Stadt. Sie wurde 1764 von Zarin Katharina II. gestiftet und diente vielen orthodoxen Kirchen im Baltikum als Vorbild (Mo–Fr 11–18, Sa, So 9–18 Uhr). An die mittelalterliche Befestigungsanlage der früheren Hansestadt erinnert heute nur noch der **Rote Turm** (Punane torn), Pärnus ältestes Bauwerk.

Info

Touristeninformation Pärnu

• Uus 4 | 80010 Pärnu
  Tel. 447 3000
  http://visitparnu.com

Hotels

Villa Ammende €€€

Wunderschöner Jugendstilpalast mit ausgezeichnetem Restaurant; preiswertere Zimmer im Gartenhaus.

• Mere 7 | 80010 Pärnu
  Tel. 447 3888
  www.ammende.ee

Spa Tervis €€

Das größte Kurhotel Estlands, nahe am Meer. Sachliches Interieur, Wellnessanwendungen zu sehr günstigen Preisen.

• Seedri 6 | 80010 Pärnu
  Tel. 445 0111
  www.spatervis.ee

Restaurants
Café Grand €€

Im Restaurant des Hotels Victoria stärkte sich schon in den 1920er-Jahren die Hautevolée nach dem Schlammbad. Internationale Küche, Afternoon Tea.

• Kuninga 25 | 80014 Pärnu
  Tel. 444 3412 | www.victoriahotel.ee

Embecke €€

Internationale und estnische Küche im Restaurant des Hotels Pärnu. Gute Weinauswahl.

• Rüütli 44 | 80010 Pärnu
  Tel. 447 8911 | www.hotelparnu.com

Jahisadama Kõrts €€

Fischgerichte, estnische und internationale Spezialitäten im Restaurant des Jachtklubs. Schöne Terrasse.

• Lootsi 6 | 80010 Pärnu
  Tel. 447 1760 | www.jahtklubi.ee

Nightlife
Romantic Bar

Die höchste Bar Pärnus befindet sich in der obersten Etage des achtstöckigen Tervise Paradiis Hotels.

• Side 14 | 80010 Pärnu
  Tgl. 14–24 Uhr

Konzerthaus (Kontserdimaja)

Kammer- und andere klassische Konzerte.

• Aida 4 | 80011 Pärnu
  Tel. 445 5810 | www.concert.ee

Strandleben in Pärnu

Nordestland

Lahemaa-Nationalpark ⭐12

80 km westlich von Tallinn erstreckt sich mit dem Lahemaa-Nationalpark das beliebteste Ziel für Tagesausflüge. Dichte Nadelwälder und einsame Moore prägen seine Landschaft. **50 Dinge** ④ › S. 12. Außer Reihern, Kranichen und Störchen sind hier viele Wasservogelarten heimisch; mit etwas Glück kann man auch Braunbären, Luchsen oder Elchen begegnen. Charakteristisch für Lahemaa sind die an der Küste verstreuten Findlinge; **!** es gibt aber auch schöne Sandstrände, etwa bei **Võsu**. Ursprüngliche Fischerdörfer wie **Altja** liegen ruhig am Meer. Die architektonische Hauptattraktion des Nationalparks sind die gut erhaltenen, deutschbaltischen Herrensitze › **Seitenblick S. 139**. Wer kein Auto dabei hat, kann geführte Tagestouren buchen (z. B. bei Orion Reisid, www.orionreisid.ee, oder EstAdventures, www.estadventures.ee).

Einst Sitz der deutschbaltischen Adelsfamilie von der Pahlen: Gut Palmse

Bucht von Käsmu

An einer malerischen Bucht liegt das Dorf **Käsmu** 10 [E2] mit alten Fischerkaten, Kapitänshäusern und einem Seemannsfriedhof. Einen Besuch lohnt hier vor allem das skurrile Meeresmuseum, das der Biologe Arne Vaik in seinem Wohnhaus eingerichtet hat (geöffnet »ganzjährig zu jeder Zeit«). In Käsmu beginnen Wanderwege in die Umgebung › Special S. 43, ! in der man überall auf riesige Findlinge stößt.

Gutshof Palmse 11 ⭐ [E2]

Das Juwel unter den estnischen Herrenhäusern war von 1674 bis 1923 im Besitz der deutschbaltischen Familie von der Pahlen, die den Gutshof im 18. Jh. im Stil des Spätbarock umbauen ließ. Das Wohnhaus ist heute der Öffentlichkeit zugänglich; es wurde nach alten Plänen restauriert und mit zeitgenössischem Mobiliar ausgestattet.

Der Große Saal dient als Konzertsaal. In der ehemaligen Schnapsbrennerei ist ein Hotel untergebracht › unten.

Der Park mit seinen seltenen, alten Bäumen wurde im 19. Jh. um einen See angelegt und lädt mit insgesamt 40 km Wanderwegen zu ausgiebigen Spaziergängen ein (Mitte Mai–Sept. tgl. 10–19, Okt.–April tgl. 10–18 Uhr, www.palmse.ee).

Info

Touristeninformation Lahemaa
• Palmse | 45435 Viitna | Lääne-Virumaa Tel. 329 5555
www.keskkonnaamet.ee

Hotels

Parkhotel Palmse €€
27 moderne Zimmer im barocken Herrenhaus. Gemütliches Kellerrestaurant.
• Palmse | 45435 Viitna | Lääne-Virumaa Tel. 5386 6266
www.palmse.ee

Merekalda €
Nette Pension am Meer, nur Mai–Sept.
• Neeme 2 | 45601 Käsmu
  Tel. 323 8451
  www.merekalda.ee

Rakvere 12 [E3]

An die einstige Bedeutung des 10 km landeinwärts gelegenen Städtchens (17 000 Einw.) erinnert die eindrucksvolle Ruine der **Ordensburg**. Sie wurde im 13. Jh. von den Dänen als kleines Kastell errichtet und nach mehrfachen Umbauten im 18. Jh. aufgegeben (Mai–Sept. tgl. 11–19 Uhr). In der zu Füßen der Burg liegenden Altstadt mit ihren hübschen Holzhäusern ist die **Dreifaltigkeitskirche** sehenswert; sie erhielt ihr heutiges Aussehen im 17. Jh. und besitzt den höchsten Turm (62 m) außerhalb von Tallinn (Juni–Aug. Mo–Fr 11–17, So 10.30 bis 12 Uhr). Das **Rakvere-Museum** im Gerichtsgebäude gibt einen Überblick über die Stadtgeschichte (Tallinna 3, Mo–Sa 11–19 Uhr).

Info

Touristeninformation Rakvere
• Laada 14 | 44310 Rakvere
  Tel. 324 2734
  rakvere@visitestonia.com

Hotels

Wesenbergh €€
Hübsch renovierte Zimmer in Zentrumsnähe; etwas luxuriöser sind die 8 Zimmer in der Villa Wesenbergh von 1927.
• Tallinna 25 | 44311 Rakvere
  Tel. 322 3480
  www.wesenbergh.ee

SEITENBLICK

Estnische Herrensitze

Fernab der großen europäischen Höfe pflegte der deutschbaltische Adel über Jahrhunderte ein beschauliches Landherrenleben. Jeder Landsitz war ein kleines, autarkes Universum – mit Kapelle, Schulhaus, Wirtschaftsgebäuden und eigener Brennerei. Auf seinem Land war der Gutsherr König: Er sprach Recht und mehrte seinen Wohlstand durch die Arbeit der Pachtbauern. Die Entfernung zum europäischen Adel überbrückte mancher Gutsherr architektonisch: Viele Herrenhäuser erinnern an englische Landsitze; andere nehmen italienische Einflüsse auf.

Das wie Palmse im Lahemaa-Nationalpark gelegene Rokokoschlösschen **Sagadi** (18. Jh.) ist Veranstaltungsort von Konzerten und zugleich Sitz des Estnischen Forstmuseums (Mai–Sept. tgl. 10–18, Okt.–April tgl. 10–16 Uhr). Auch dort wurde in Nebengebäuden ein modernes Hotel mit Restaurant eingerichtet. Mit dem Gutshaus **Alatskivi** (19. Jh.) in Südestland (Järvamaa) näherten sich die Familien Stackelberg und Nolcken baulich dem schottischen Balmoral Castle an. Das in der Nähe gelegene **Albu** (17. Jh.) beherbergt heute eine Schule, kann aber während der Ferien besichtigt werden (8. Juli–24. Aug. Fr–So 11–17 Uhr, Tel. 382 0501). **Sangaste** (19. Jh.) bei Otepää erinnert an Windsor Castle; einige Räume wurden der Öffentlichkeit zugänglich gemacht (Mai–Aug. tgl.10–18, Sept.–April Di–So 10–16 Uhr, www.sangasteloss.ee).

Katariina Kelder €

Wohnliches Gästehaus mit Restaurant; am Wochenende Livemusik.

• Pikk 3 | 44307 Rakvere
  Tel. 322 3943 | www.katariina.ee

Glintküste ⭐

Die vom Ölschieferabbau lebende Industriestadt **Kohtla-Järve** 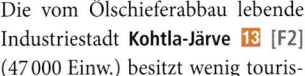 [F2] (47 000 Einw.) besitzt wenig touris-

Die unberührtesten Küstenabschnitte
••••••••••••••••••••••••••••••••

• **Haffseite der Kurischen Nehrung.**
  Riesige Sanddünen, so weit das Auge reicht › S. 83.
• **Memeldelta, Litauen.**
  Viel Wasser, winzige Dörfer, in der Ferne das Meer › S. 84.
• **Kap Kolka, Lettland.**
  Im Norden des Landes treffen zwei Meere aufeinander › S. 104.
• **Livenküste, Lettland.**
  Nirgendwo ist die lettische Ostseeküste urwüchsiger als rund um die Fischerdörfer Košrags, Sīkrags und Mazirbe › S. 105.
• **Nordküste von Saaremaa.**
  Einsamkeit, duftende Kiefern und Meeresrauschen › S. 134.
• **Käsmu-Halbinsel im Lahemaa-Nationalpark.**
  Estlands größtes Findlingsfeld › S. 138.
• **Glintküste bei Kohtla-Järve.**
  Senkrecht abfallende Kalkwände, über die Wasserfälle rieseln › S. 140.

tischen Reiz. Ihre Hauptattraktion ist das Bergwerksmuseum (Jaamja 1, Mai–Sept. So–Fr 11–19, Sa 11–19, Okt.–April Sa 10-18 Uhr, www.kaevanduspark.ee). Doch ein kurzes Stück nördlich der Stadt beginnt die Glintküste, 🛈 einer der dramatischsten Küstenabschnitte des Landes. Zum Teil erreichen die Klippen eine Höhe von über 50 m; über Felsabbrüche stürzen sich kleine Flüsse und Bächlein ins Meer. Besonders eindrucksvoll ist der 20 m hohe Wasserfall zwischen Ontika und Valaste. Im einstigen Kurort **Toila** gibt es am Fuß der Steilküste gute Bademöglichkeiten. Zum Strand führen Treppen.

Hotels
Alex €€

Nüchterne Ausstattung, zentrale Lage; Restaurant, Casino und Pool.

• Kalevi 3 | 30325 Kohtla-Järve
  Tel. 339 6230 | www.alex.ee

Toila Spa Hotel €

In Strandnähe gelegenes, großes und nüchternes Kurhotel mit 280 Zimmern; Schwimmbad, modernes Wellnesscenter und Sauna. Gleich nebenan liegt ein Campingplatz, der ebenfalls zum Hotel gehört.

• Ranna 12 | 41702 Toila
  Tel. 334 2900 | www.toilaspa.ee

Kloster Pühtitsa 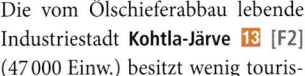 [F3]

Von Kohtla-Järve bietet sich ein Abstecher nach Pühtitsa an (35 km südöstlich bei Kuremäe), dem einzigen bewohnten orthodoxen Kloster Estlands. 150 Nonnen leben hier vom Gemüse- und Getreideanbau.

Nur ein Fluss trennt die Zwillingsstädte Narva in Estland und Iwangorod in Russland

Zu der 1891 gegründeten Anlage gehören sechs Kirchen, darunter die **Himmelfahrtskathedrale** (1910) mit ihren leuchtend grünen Kuppeln. Hohe Feldsteinmauern umgeben einen idyllischen **Garten.**

Das Kloster, das dem Moskauer Patriarchat unterstellt ist, macht wenig Zugeständnisse an den Tourismus; man kann sich jedoch in Ruhe in der Anlage umsehen. Das kleine Gästehaus im Kloster ist auf die Bedürfnisse von Pilgern abgestellt (Tel. 339 2124).

Narva 15 [F2]

In der Grenzstadt (74 000 Einw.) sind ca. 97 % der Einwohner Russen. Die Altstadt wurde im Zweiten Weltkrieg völlig zerstört, doch der Anblick zweier mächtiger, nur durch einen Fluss voneinander getrennten Festungsanlagen lohnt den Weg hierher. Die estnische **Hermannsfestung** (Hermaani Linnus) wurde im 13. Jh.

von den Dänen errichtet und später vom Deutschen Orden und den Schweden ausgebaut. Ein ausgeschilderter Rundgang führt durch mehrere Burgräume, in denen auch das Stadtmuseum seine Sammlung präsentiert (Mi–So 10–18 Uhr). Vom »Langen Hermann« hat man einen schönen Blick auf die russische **Festung Iwangorod,** die Zar Iwan III. im 15. Jh. am gegenüberliegenden Flussufer errichten ließ.

Narva-Jõesuu, einstmals ein attraktives Kurbad und heute von wirtschaftlicher Krise geplagt, liegt 14 km außerhalb des Stadtzentrums und besitzt einen prachtvollen, kilometerlangen Sandstrand und schönen Kiefernwald.

Info

Touristeninformation Narva
• Peetri 3 | 20308 Narva
Tel. 359 9137
http://tourism.narva.ee

Gipskopien antiker Skulpturen im Kunstmuseum der Tartuer Universität

Hotels

King €€
Originelles Hotel in einem ehemaligen Lagerhaus aus dem 17. Jh.; behagliche Zimmer mit Holzfußböden. Restaurant mit internationaler Küche, im Winter speist man am Kamin.
• Lavretsovi 9 | 20307 Narva
  Tel. 357 2404
  www.hotelking.ee

Narva Jõesuu Spa €€
Großes Spa-Hotel im traditionsreichen Badeort an der Mündung der Narva; 7 km langer Sandstrand. Funktionalistischer Bau aus den 1930er-Jahren, moderne Wellnesseinrichtungen.
• Aia 3 | 29002 Narva-Jõesuu
  Tel. 359 9529
  www.narvajoesuu.ee

Estlands Südosten
Tartu 16 ⭐ [F4]
Als Sitz der ältesten estnischen Universität war Tartu (Dorpat; 100 000 Einw.), das sich zu beiden Seiten des Emajogi-Flusses ausbreitet, von jeher das geistige Zentrum des Landes. Auch für die Unabhängigkeitsbewegung spielte es eine wichtige Rolle: 1869 fand hier das erste estnische Sängerfest statt. Als Tartu im 19. Jh. durch einen Großbrand zerstört wurde, beschloss man, fortan ausschließlich in Stein zu bauen. So entstand das herrliche, klassizistische Ensemble der Altstadt. Im Gefolge der Studentenschaft hat sich in ihren Straßen eine reiche Kneipen- und Cafékultur entwickelt.

Altstadt
Tartus Herz schlägt am **Rathausplatz** (Raekoja plats), den historische Bürgerhäuser in Pastelltönen begrenzen. Durch Bodenabsenkung ist das **Haus Nr. 18** so schief wie der Turm von Pisa. Es beherbergt eine Kunstgalerie, die Werke estnischer Maler zeigt (Mi–So 11–18 Uhr). Das **Rathaus** liegt auf der Westseite des Platzes. Es wurde 1789 errichtet und gilt als eines der schönsten klassizistischen Gebäude des Landes.

Über die Ülikooli tänav gelangt man von dort zum Hauptgebäude der **Universität**, einem klassizistischen Prachtbau mit Säulenvorhalle. Wenn gerade keine Vorlesung stattfindet, lohnt ein Blick in die stuckverzierte Aula. Im Südflügel des Baus ist das universitäre Kunstmuseum mit Gipskopien antiker Skulpturen untergebracht (Mo–Fr 11–17 Uhr, www.ut.ee/artmuseum).

Nördlich, an der Jaani tänav, liegt die gotische **Johanniskirche** (Jaani Kirik), Estlands bedeutendste Backsteinkirche. Hinsichtlich ihres künstlerischen Wertes einmalig sind die gotischen Terrakottaplastiken, die Westportal, Turm und Pfeilerkapitelle schmücken. Die Basilika, die im Zweiten Weltkrieg ausbrannte, wurde 2005 nach langer Restaurierung eingeweiht (Juni–Aug. tgl. 10–19, sonst 10–18 Uhr, www.jaanikirik.ee).

Domberg

Der Domberg (Toomemägi) ist heute eine hübsche Parkanlage mit verschlungenen Spazierwegen, die alte Bäume und Denkmäler prominenter Wissenschaftler zieren. Sie wurde um die Ruine der mittelalterlichen **Domkirche** (Toomkirik) angelegt. Den erhalten gebliebenen Chorraum baute man 1806 zur Bibliothek um; er beherbergt heute das Historische Museum der Universität (Mai–Sept. Di–So 10–18, Okt.–April Mi–So 11–17 Uhr, www.muuseum.ut.ee). Die Engelsbrücke (Inglisild) führt zur alten **Sternwarte,** die im 19. Jh. eines der besten Fernrohre Europas besaß.

AHHAA

Das Wissenschaftszentrum vermittelt Themen aus Naturwissenschaft und Technik, zahlreiche Versuche verführen zum Mitmachen. Highlights sind das Planetarium und das 4-D-Kino (Sadama 1, So–Do 10–19, Fr, Sa 10–20 Uhr, www.ahhaa.ee).

Info

Touristeninformation Tartu
• Raekoja plats 14 | 50089 Tartu
Tel. 744 2111
www.visittartu.com

Aktivitäten

• Lohnend sind **Bootstouren** mit der »Pegasus« auf dem Fluss Emajõgi und zur Insel Piirissaare im Peipussee (nur Mai–Sept., Tel. 733 7182, www.dorpat.ee/pegasus).

Hotels

Draakon €€€
Kleines, stilvolles Hotel am Rathausplatz; schönes Restaurant in barockem Saal; Bierkeller.
• Raekoja plats 2 | 51003 Tartu
Tel. 744 2045
www.draakon.ee

Pallas €€
Komfortables Haus mit künstlerisch eingerichteten Zimmern und tollem Blick.
• Riia 4 | 51004 Tartu
Tel. 730 1200
www.pallas.ee

Restaurants

Barclay €€€
Gediegenes Restaurant im gleichnamigen Hotel; moderne estnische Küche.
• Ülikooli 8 | 51003 Tartu
Tel. 744 7100
www.barclayhotell.com

Püssirohukelder €€
Rustikales Restaurant im historischen Pulverkeller; Livemusik.
• Lossi 28 | 51003 Tartu
Tel. 730 3555
http://pyss.ee

Nightlife

Vanemuine Theater

Die Ballett- und Opernaufführungen im ältesten Theater des Landes (1870) kann man auch ohne estnische Sprachkenntnisse genießen.

- Vanemuise 6 | 51003 Tartu
  Tel. 744 0100
  www.vanemuine.ee

Art & Jazz Club Illegaard

Mo Pianobar, Fr Livemusik. Dazwischen Jazz und Wechselausstellungen in der zugehörigen Galerie.

- Ülikooli 5 | 51003 Tartu
  Tel. 740 1714
  Di–Fr 17–3, Sa 14–3, So–Mo 17–1 Uhr
  www.illekas.ee

Eduard Vilde Lokaal & Kohvik

Im Obergeschoss Traditionskneipe mit irischem Bier und Live-Jazz; im Erdgeschoss Café und gut sortierter Buchladen.
50 Dinge ㉙ › S. 15.

- Vallikraavi 4 | 51003 Tartu
  Tel. 734 3400
  So–Do 12–23, Fr, Sa 12–1 Uhr
  www.vilde.ee

Peipus-See

Für Ruhesuchende ist der Peipus-See (Peipsi järv) ein lohnendes Ziel. Sein Ufer säumen Fischerdörfer, Dünen und ❗ einsame Sandstrände. Touristische Einrichtungen gibt es bislang kaum; das Angebot beschränkt sich auf Camping und Ferien auf dem Bauernhof.

Am Westufer des Sees siedelten sich im 19. Jh. russische Altgläubige an, die in ihrer Heimat verfolgt wurden. In **Kolkja** ⒘ [F4] (63 km von Tartu) steht ein Gotteshaus dieser Religionsgemeinschaft; ein kleines Museum gibt Einblicke in ihre Lebensweise (April–Sept. Mi–Fr 11–18, sonst nach Anmeldung unter Tel. 2745 3431). Einen der schönsten Herrensitze Estlands besitzt der vom Seeufer etwas abgelegene kleine Ort **Alatskivi** ⒙ [F3] (Juni–Aug. tgl. 11–19 Uhr, sonst nach Anmeldung unter Tel. 2745 3816 › S. 139. Der Fischerort **Kallaste** ⒚ [F3] liegt am einzigen Steilküstenabschnitt des Peipus-Sees, der auch »Roter Berg« genannt wird – rötliche Sandsteinfelsen fallen hier 6 m tief zum Wasser ab.

Info

Touristeninformation Peipsiveere

- Liivi Muuseum
  Alatskivi | 60201 Tartumaa
  Tel. 2514 4851 | http://muusa.ee

Suur Munamägi ⒛ [F5]

Ca. 18 km südlich von Võru (14 200 Einw.) liegt der Suur Munamägi, mit 318 m die höchste Erhebung Estlands und des gesamten Baltikums. Vom 29 m hohen Aussichtsturm auf dem Gipfel hat man bei klarem Wetter einen weiten Blick (April–Aug. 10–20, Sept./Okt. 10–17, übrige Zeit 10–15 Uhr). Am Parkplatz gibt es ein Café mit Außenterrasse, das auch kleine Gerichte serviert.

Info

Touristeninformation Võru

- Jüri 12 | 65605 Võru
  Tel. 782 1881 | www.visitvoru.ee

Freilichtmuseum auf der Halbinsel Viimsi in der Tallinner Bucht

EXTRA-TOUREN

Tour 19 · Große Baltikum-Rundreise

Route: **Vilnius** › **Druskininkai** › **Kaunas** › **Kurische Nehrung** › **Klaipėda** › **Palanga** › **Šiauliai / Berg der Kreuze** › **Rīga** › **Rundāle** › **Jūrmala** › **Pärnu** › **Saaremaa** › **Tallinn** › **Tartu** › **Sigulda** › **Vilnius**

Karte: Klappe hinten

Distanzen:

2149 km; 21 Tage. **Vilnius** › **Trakai** › **Vilnius** 50 km; **Vilnius** › **Druskininkai** 130 km; **Druskininkai** › **Kaunas** 123 km; **Kaunas** › **Kurische Nehrung (Juod-krante)** 204 km; **Klaipėda** › **Palanga** › **Klaipėda** 50 km; **Klaipėda** › **Šiauliai** › **Rīga** (Grenzübergang bei Eleja) 300 km; **Rīga** › **Pärnu** (Grenzübergang bei Ainaži) 160 km; **Pärnu** › **Saaremaa** 150 km; **Saaremaa** › **Tallinn** 264 km; **Tallinn** › **Tartu** 185 km; **Tartu** › **Sigulda** (Grenzübergang bei Valka) 199 km; **Sigulda** › **Vilnius** 359 km.

Praktische Hinweise:

Die Tour ist ideal für Selbstfahrer, die auf dem Landweg über Polen anreisen. Sie lässt sich dank des hervorragenden Busnetzes aber auch problemlos mit Über-landbussen realisieren, die mehrmals täglich die Städte auf der Strecke miteinan-der verbinden. Zwischen Klaipėda und der Kurischen Nehrung verkehrt regelmä-ßig eine Autofähre (30 Min.). Die estnische Insel Saaremaa hat über die Insel Muhu eine Fähranbindung ans Festland (Hafen Virtsu).

Wer ohne Stress alle wichtigen Sehenswürdigkeiten des Baltikums sehen und erleben will, sollte sich drei Wochen Zeit lassen. Die Tour startet in **Vilnius** › **S. 56**. Die Altstadt der litauischen Kapitale zählt zum UNESCO-Welt-kulturerbe und birgt wunderschöne Bauwerke des Barock und der Gotik sowie zahlreiche Kirchen. Man sollte sich drei Tage Zeit nehmen, am ersten besucht man die Kathedrale, das Tor der Morgenröte, die Obere Burg und den Gotischen Winkel. Ein Tag gehört Nationalmuseum, KGB-Museum und CAC, dem Zentrum für zeitgenössische Kunst, ein weiterer dem Tages-ausflug zur Wasserburg **Trakai** › **S. 72** im Galvė-See. Auf dem Weg zum Kur-ort **Druskininkai** › **S. 77** kann man im Grūtas-Park eine skurrile Sammlung vom Sockel gestürzter Sowjethelden anschauen, bevor man sich an seinem Etappenziel in ein Mineralbad sinken lässt. **Kaunas** › **S. 75** lohnt mit seiner bildschönen Altstadt und einer Vielzahl von Museen einen Aufenthalt von zwei Tagen. Von hier aus geht es auf die **Kurische Nehrung** › **S. 82**, wo man in Juodkrante den Hexenberg erklimmt, bevor man mit Nida den Hauptort der Landzunge erreicht. Nun gilt es zu entscheiden, ob man in zwei Tagen Gro-ße Düne, Thomas Mann-Haus und das Bernsteinmuseum besichtigt oder länger bleibt und sich erholt. Von Nida kehrt man per Autofähre nach **Klaipėda** › **S. 80** zurück, wo die Altstadt, der Theaterplatz und die alte Post sehenswert sind. Ein Tagesausflug führt von hier nach **Palanga** › **S. 78,** dem größten litauischen Badeort mit wunderschönem Strand und interessantem Bernsteinmuseum. Hier übernachtet man oder fährt zurück nach Klaipėda, von wo es anderntags über Šiauliai und die Pilgerstätte **Berg der Kreuze** › **S. 74** nach **Rīga** › **S. 85** geht.

Sommerliche Blütenpracht vor einer alten Fischerkate in Nida

Auch für die lettische Hauptstadt sind drei Tage ideal. Schloss, Große und Kleine Gilde, Dom und Petrikirche sind die Highlights der mittelalterlichen Altstadt, der Besuch des Okkupationsmuseums ist wichtig für das Verständnis des Landes. Ein Fassadenbummel entlang der schönsten Jugendstilensembles in der Albert- und Elisabethstraße gehört ebenso dazu wie ein Ausflug zum Schloss **Rundāle** › **S. 109** mit seiner prächtigen Innenausstattung im Stil des Rokoko. Wer dann wieder Lust auf Strandleben hat, verbringt einen Tag im Kurort **Jūrmala** › **S. 103.** Von Rīga führt der Weg die Küste entlang über die Via Baltica nach Norden ins estnische Seebad **Pärnu** › **S. 136.**

In Estlands Sommerhauptstadt flaniert man durch die kleine Altstadt und nimmt im Spa ein Bad in dem Heilschlamm, der Pärnu berühmt gemacht hat. Nächste Touretappe ist die Insel **Saaremaa** › **S. 133,** deren Hauptstadt Kuressaare eine gut erhaltene spätgotische Bischofsburg besitzt. Eine Rundfahrt über die Insel führt in verwunschene kleine Dörfer, an eine eindrucksvolle Steilküste und zu schönen alten Windmühlen. Drei Tage wären ideal, um nichts an Erholung einzubüßen, bevor man (über Hiiumaa und Haapsalu oder – schneller – über Pärnu und die E 67) **Tallinn** › **S. 114** erreicht. Die estnische Hauptstadt besitzt eine der besterhaltenen mittelalterlichen Altstädte Europas. Auf dem Programm stehen weiterhin Schloss Katharinental, die estnische Nationalgalerie KUMU, die Ruinen des Birgittenklosters in Pirita sowie das Estnische Freilichtmuseum Rocca al Mare. Die Universitätsstadt **Tartu** › **S. 142,** geistiges Zentrum des Landes, wirkt mit der schönen Altstadt und einem großen kulturellen Angebot wie die kleine Schwester Tallinns. Von dort geht es zurück nach Lettland und über **Cēsis** › **S. 112** mit Schloss und Ordensburg nach **Sigulda** › **S. 111,** einem günstigen Ausgangspunkt für Ausflüge in den **Gauja-Nationalpark** › **S. 113.** Wer längere Wanderungen oder eine Paddeltour unternehmen möchte, bleibt zwei Tage, um anschließend über **Bauska** › **S. 110** nach Vilnius zurückzukehren.

Höhepunkte des Baltikums

Route: **Vilnius › Kurische Nehrung › Rīga mit Schloss Rundāle oder Jūrmala › Pärnu › Tallinn › Vilnius**

Karte: Klappe hinten

Distanzen:
1288 km; 9 Tage. **Vilnius › Kurische Nehrung** (Fährhafen Klaipėda) 205 km; **Kurische Nehrung › Rīga** 215 km; **Rīga › Pärnu** 150 km; **Pärnu › Tallinn** 125 km; **Tallinn › Vilnius** 593 km.

Praktische Hinweise:
Die Tour eignet sich für Selbstfahrer, lässt sich aber auch mit Überlandbussen durchführen. Die Via Baltica, die die Hauptstädte miteinander verbindet, ist sehr gut ausgebaut. Das Reisen per Flugzeug ist aufgrund der geringen Entfernungen nur zwischen Tallinn und Vilnius sinnvoll. Busreisende können in Erwägung ziehen, statt der Rückfahrt via Rīga von Tallinn nach Vilnius zu fliegen (Flugzeit 1 Std. 25 Min.; Air Baltic bietet One-Way-Tickets ab 30 €).

In zwei Tagen kann man in **Vilnius › S. 56** zwar nicht alle 1200 Barockbauten, wohl aber die Highlights der Innenstadt besichtigen. Von hier geht es weiter an die Ostseeküste. In Klaipėda nimmt man die Fähre zur **Kurischen Nehrung › S. 82** und fährt auf der Landzunge bis zum schönen Ort **Nida › S. 83**, der sich auch als Quartier anbietet. Anderntags kehrt man zurück aufs Festland und steuert **Rīga › S. 85** an, wo ein Tag der mittelalterlichen Altstadt und den Jugendstilensembles in Elisabeth- und Albertstraße sowie ein weiterer einem Ausflug gewidmet ist: Je nach Interesse besucht man das prachtvolle Barockschloss **Rundāle › S. 109** oder entscheidet sich für einen Strandtag im nahen **Jūrmala › S. 103**, das außer weißem Sand auch schöne Beispiele baltischer Holzarchitektur besitzt.

Den sechsten Tag verbringt man auf jeden Fall am Meer: **Pärnu › S. 136** ist Estlands Sommerhauptstadt – wann immer möglich, verlassen die Hauptstadtbewohner an schönen Sommerwochenenden Tallinn zugunsten dieses alten, aber sehr lebhaften Kurbads am Meer. Nächster Stopp ist **Tallinn › S. 114**, wo die mittelalterliche Altstadt rund ums wunderschöne gotische Rathaus, das neue Meeresmuseum im alten Wasserflughafen sowie der Stadtteil Kadriorg mit Schloss Katharinental und ein Kurzbesuch in der Nationalgalerie KUMU auf dem Programm stehen. Wer mit dem Auto zurückfährt, kann der Strecke mit einem Abstecher in die vom Klassizismus geprägte Universitätsstadt **Tartu › S. 142** Abwechslung verleihen; ansonsten kehrt man am achten Tag über die Via Baltica nach Vilnius zurück. Dort verbringt man die letzte Nacht; je nach Abreisezeit kann man anderntags noch einen Besuch in **Trakai › S. 72** einplanen.

Baltische Nationalparks

Route: **Tallinn** › **Lahemaa-Nationalpark** › **Soomaa-Nationalpark** › **Rīga** › **Gauja-Nationalpark (Sigulda)** › **Daugavpils** › **Aukštaitija-Nationalpark** › **Vilnius**

Karte: Klappe hinten

Distanzen:

920 km; 10 Tage. **Tallinn** › **Palmse** 80 km; **Palmse** › **Pärnu** 180 km; **Pärnu** › **Rīga** (Grenzübergang bei Ainaži) 160 km; **Rīga** › **Sigulda** 60 km; **Sigulda** › **Daugavpils** 270 km; **Daugavpils** › **Ignalina** 70 km; **Ignalina** › **Vilnius** 100 km.

Praktische Hinweise:

Die Tour lässt sich mit Überlandbussen, bequemer aber mit dem eigenen Auto realisieren, das in ländlichen Gegenden mehr Beweglichkeit bietet. Autos sind in den Nationalparks, in denen sich auch Dörfer befinden, zugelassen. Vorteil der Busreise ist, dass man auf dem Rückweg von Vilnius nach Tallinn fliegen kann und sich so die Rückfahrt über die Via Baltica spart.

Je nach Blickwinkel wirkt Tallinn wie eine mittelalterliche Burg

Bei Līgatne überquert die einzige noch erhaltene Flussfähre des Baltikums die Gauja

Wer viel wandern und die ganz unterschiedlichen Naturlandschaften einiger der schönsten Nationalparks des Baltikums auf sich wirken lassen möchte, sollte für diese Tour zehn Tage einplanen. Von Tallinn aus fährt man in Richtung Osten zum **Lahemaa-Nationalpark** › **S. 137** mit seiner Landschaft aus Wald, Wiesen, Moor und der zerklüfteten Küste mit riesigen Findlingen. In **Palmse** › **S. 138** befindet sich das Besucherzentrum, das Tipps für unterschiedlich lange Wandertouren gibt (Übernachtung in Palmse oder Käsmu). Vor dem Besuch des **Soomaa-Nationalpark** › **S. 43** kann man im nahen **Pärnu** › **S. 136** übernachten und dort ein wenig Badeort-Flair genießen. Denn von hier aus geht es in die Einsamkeit des wasserreichen Naturschutzgebietes mit seinen Mooren und Sümpfen. Je nach Wanderlust bietet sich eine Camping-Übernachtung an. An der Küste entlang geht es von Pärnu in Richtung Süden nach **Rīga** › **S. 85**. Hier erlebt man ein wenig Großstadt-Atmosphäre, bevor man die Wanderwege des **Gauja-Nationalparks** › **S. 113** rund um **Sigulda** › **S. 111** erkundet oder eine Paddeltour auf der Gauja unternimmt. Während dieser Nationalpark vergleichsweise belebt ist, führt das letzte Ziel der Tour tief in Natur und Einsamkeit. Über Daugavpils und die A 13 erreicht man Litauen (Grenzübergang bei Zarasai) und den **Aukštaitija-Nationalpark** › **S. 42**. Der Park bietet eine Vielzahl von Wanderwegen und ist mit seinen 126 Seen und zahlreichen Flüssen geradezu prädestiniert für Kanutouren. Hier lohnen zwei Übernachtungen. Einfache Unterkünfte in Holzhäuschen, ein Besucherzentrum und Mietmöglichkeiten für Boote gibt es in **Paluše** › **S. 42**, Hotelkomfort bietet das benachbarte **Ignalina** › **S. 43**. Auf dem Weg nach **Vilnius** › **S. 56** sind Abstecher in die Universitätsstadt **Kaunas** › **S. 75** oder zum **Europa-Park** › **S. 73** möglich, der sich um den geografischen Mittelpunkt Europas erstreckt.

Infos von A–Z

Ärztliche Versorgung

Die medizinische Versorgung durch Ärzte und Apotheken ist flächendeckend. Die Europäische Krankenversicherungskarte (EHIC) gilt in den baltischen Staaten. Die Behandlung muss man im Voraus bezahlen; die Krankenkasse erstattet die Kosten gegen Vorlage der Quittung. Eine private Auslandskrankenversicherung deckt Mehrkosten und ggf. einen Rücktransport ab.

Barrierefreies Reisen

Behindertengerecht ausgestattete Gebäude und Verkehrsmittel sind im Baltikum bisher die Ausnahme. Nähere Auskunft erteilt der Reise-Service des Bundesverbands Selbsthilfe Körperbehinderter e. V., www.bsk-ev.org.

Diplomatische Vertretungen

Estland:
- **Deutsche Botschaft,** Toom-Kuninga 11, 15048 Tallinn, Tel. 627 5300, Fax 627 5304, www.tallinn.diplo.de
- **Österreichische Botschaft,** Vambola 6, 10114 Tallinn, Tel. 627 8740, Fax 631 4365, www.bmeia.gv.at/botschaft/tallinn
- **Honorarkonsulat der Schweiz,** c/o Trüb Baltic AS, Laki 5, 10621 Tallinn, Tel. 658 1133, Fax 658 1139, tallinn@honrep.ch

Lettland:
- **Deutsche Botschaft,** Raina bulvaris 13, 1050 Rīga, Tel. 6708 5100, Fax 6708 5149, www.riga.diplo.de
- **Österreichische Botschaft,** Elizabetes 15, 1010 Rīga, Tel. 6721 6125, Fax 6721 6126, www.bmeia.gv.at/botschaft/riga
- **Botschaft der Schweiz,** Elizabetes 2, 1340 Rīga, Tel. 6733 8351, Fax 6733 8354, www.eda.admin.ch/riga (auch für Litauen zuständig).

Litauen:
- **Deutsche Botschaft,** Sierakausko 24, 03105 Vilnius, Tel. 5210 6400, Fax 5210 6446, www.wilna.diplo.de
- **Österreichische Botschaft,** Gaono 6, 01131 Vilnius, Tel. 5266 0580, Fax 5279 1363, www.bmeia.gv.at/botschaft/wilna

Einreise

Für Reisende aus EU-Ländern entfällt durch das Schengener Abkommen die Passkontrolle; dennoch ist ein gültiger Ausweis mitzuführen. Kinder benötigen seit 2012 ein eigenes Ausweisdokument; Einträge im Reisepass eines Elternteils sind nicht mehr gültig.

Elektrizität

Die Netzspannung beträgt 220 Volt, 50 Hz; Euro-Norm-Stecker passen meist. In ländlichen Gebieten kann ein Adapter für Osteuropa nützlich sein.

Feiertage

1. Januar Neujahrstag; 16. Febr. Unabhängigkeitstag (Litauen); 24. Febr. Unabhängigkeitstag (Estland); 11. März Tag der wiedererlangten Unabhängigkeit (Litauen); Karfreitag; Ostermontag (Estland und Lettland); 1. Mai (alle drei Länder); 23. Juni Tag des Sieges (Estland); 23. Juni Mittsommerfest (Lettland); 24. Juni Johannisfest (alle drei Länder); 6. Juli Krönung von Fürst Mindaugas (Litauen); 15. Aug. Maria Himmelfahrt (Litauen); 20. Aug. Tag der wiedererlangten Unabhängigkeit (Estland); 1. Nov. Allerheiligen (Litauen); 18. Nov. Unabhängigkeitstag (Lettland); 25./26. Dez. Weihnachten; 31. Dez. Silvester (Lettland).

Geld und Währung

Ursprünglich wollte Estland schon 2006 und Lettland 2008 den Euro einführen, was aber aufgrund der ungewöhnlich hohen Inflationsrate in beiden Ländern verschoben wurde. Letztendlich wurde der Euro dennoch eingeführt, zuerst 2011 in Estland, wo er die estnische Krone ablöste, und 2014 in Lettland anstelle des Lats. Litauen gab als letztes der drei baltischen Länder die eigene Währung auf verwendet seit 2015 den Euro anstelle des Litas als offizielles Zahlungsmittel.

Bargeld bekommt man am Geldautomaten (Bank- und Kreditkarten). Kreditkarten finden in den Städten und in der Hotellerie weite Akzeptanz.

Haustiere

Bei der Mitnahme von Haustieren muss der EU-Heimtierpass mitgeführt werden, aus dem sich ein gültiger Tollwutschutz ergibt. Das Tier muss zudem mit einem Mikrochip gekennzeichnet sein (detaillierte Informationen unter www.auswaertiges-amt.de).

Information

- **Estnisches Fremdenverkehrsamt,** Lasnamäe 2, 11412 Tallinn, Tel. 627 9770, Fax 627 9701, www.visitestonia.com

Urlaubskasse	
Tasse Kaffee	1,50 €
Softdrink	1,50–2 €
Glas Bier	1,50–2 €
Imbiss (Sandwich)	2 €
Kugel Eis	0,70–1 €
Mietwagen/Tag	90 €
Fahrradmiete/Std.	2 €
Liege am Strand/Tag	3 €
1 l Superbenzin	1,30 €

- **Lettisches Fremdenverkehrsamt,** Brīvības bulvaris 55, 1519 Rīga, Tel. 6722 9945, Fax 6735 8128, www.latvia.travel/de
- **Litauisches Fremdenverkehrsamt,** c/o AVIAREPS Tourism GmbH, Josephspitalstr. 15, 80331 München, Tel. 089/552 53 38 10, www.lithuania.travel

Internet

Jede baltische Stadt besitzt Internet-Cafés, und fast jedes Hotel bietet seinen Gästen einen Computer mit Internetzugang an – oft sogar kostenlos. Vor allem in Estland trifft man im ganzen Land auf »WiFi«-Schilder – Hinweis auf Hospots mit drahtlosen Internetzugang. Auch in Lettland und Estland ist WiFi im Kommen, Hotspots unter http://wifi.ee, www.wifi.lv und www.wifi.lt.

Notruf

Estland:
- Feuerwehr und Ambulanz: 112
- Polizei: 110 (Festnetz und Mobil)

Lettland:
- Feuerwehr: 01 oder 112
- Polizei: 02 oder 112
- Ambulanz: 03 oder 112

Litauen:
- Feuerwehr: 01 (Festnetz), 112 (Mobil)
- Polizei: 02 (Festnetz), 112 (Mobil)
- Ambulanz: 03 (Festnetz), 112 (Mobil)

Öffnungszeiten

- In den Städten sind die **Geschäfte** meist von 10–21 Uhr geöffnet, am Wochenende bis 20 Uhr. Lebensmittelgeschäfte schließen oft erst spätabends (22 Uhr). Auf dem Land sind die Geschäftszeiten kürzer und Mittagspausen nicht ungewöhnlich.
- **Banken** öffnen werktags zwischen 9 und 10 Uhr und schließen zwischen 16 und 18 Uhr.

Post und Porto

Postkarten und Briefe schaffen es per Luftpost meist in drei bis fünf Tagen nach Deutschland. Das Porto ist in den letzten Jahren gestiegen: Standardbriefe und Postkarten nach Deutschland kosten in Estland per Luftpost 1,20 €, in Lettland und Litauen ca. 0,75 €.

Die Hauptpost in Tallinn (Narva 1) öffnet Mo–Fr 7.30–20, Sa 8–18 Uhr, die in Rīga (Stacijas laukums 1) während der Woche 8–20, Sa 8–18, So 8–16 Uhr, die in Vilnius (Gedimino 7) Mo–Fr 7–19, Sa 9–16 Uhr.

Sicherheit

Die Kriminalität ist nicht auffällig, aber Eigentumsdelikte (in den Städten Taschendiebstahl) kommen vor. Das Auto stellt man am besten nur auf bewachten Parkplätzen ab und lässt nichts Wertvolles darin liegen.

Souvenirs

Beliebte Mitbringsel sind Strickwaren, weiterhin Leinen und Spitze. In vielen Souvenirläden kann man qualitätvolle Keramik-, Glas-, Leder- und Korbwaren erstehen. Begehrt sind Schmuckstücke aus Bernstein, die man aber keinesfalls bei Straßenhändlern kaufen sollte. Als Souvenir eignen sich auch baltische Süßwaren und Kräuterliköre.

Telefon

Öffentliche Telefonzellen funktionieren mit Telefonkarten, die man in Tankstellen, größeren Geschäften und am Kiosk bekommt. Handybenutzer fahren am günstigsten mit wieder aufladbaren Prepaid-Karten, die für ca. 10 € in vielen Geschäften und an Kiosken erhältlich sind.

Bei Gesprächen innerhalb Estlands ist die Vorwahl in die Nummer integriert – es muss keine 0 vorangestellt werden. In Lettland ist das ganze Telefonsystem digitalisiert worden. Das heißt, dass man von einem Anschluss mit 8-stelliger (digitaler) Nummer jede andere 8-stellige einfach anwählt (keine Vorwahl). Erreicht man eine Nummer nicht, lässt man die 6 (Festnetz) oder 2 (Mobilnetz) am Anfang der Nummer weg; noch sind nicht alle Nummern umgestellt worden. In Litauen finden die Ortsvorwahlen nach wie vor Verwendung.

Landesvorwahlen: Litauen 00370, Lettland 00371, Estland 00372. Deutschland 0049, Österreich 0043, Schweiz 0041.

Englischsprachige Telefonauskunft: in Estland 1182, in Lettland und Litauen 118

Trinkgeld

Trinkgelder haben keine Tradition und stoßen in ländlichen Gegenden noch relativ häufig auf Unverständnis; in der Stadt werden sie inzwischen jedoch erwartet. Als Anerkennung für guten Service in Gastronomie und Hotellerie sind 5–10 % des Rechnungsbetrages angemessen.

Zeit

Im Baltikum ist man der Mitteleuropäischen Zeit (MEZ) um 1 Stunde voraus. Es wird wie in Deutschland auf Sommerzeit umgestellt.

Zollbestimmungen

Innerhalb der EU darf man grundsätzlich ein- und ausführen, was nachweislich für den eigenen Verbrauch bestimmt ist. Für Alkohol und Tabak gelten folgende Beschränkungen: 90 l Wein, 10 l Bier, 10 l Spirituosen, 800 Zigaretten, 400 Zigarillos, 200 Zigarren, 1 kg Tabak.

Schweizer können Geschenke im Wert von bis zu 300 CHF mitbringen; zusätzlich 1 l Spirituosen, 2 l Wein, 200 Zigaretten und 250 g Tabak.

Register

Bildnachweis

Coverfoto © Mauritius Images/Alamy, Trakai
Fotos Umschlagrückseite © Huber Images/Dörr, Cornelia (links); Fotolia.com/Svenja98 (Mitte); laif/Hirth, Peter (rechts)

Baltikum Tourismus Zentrale 27; Eberhard Kahl 47, 64, 91, 106, 149; Fotolia/Kostreckis, Valerijs 9 unten; Fotolia/Polakov, Aleksejs 113; Fotolia/Schueler, Manuela 41; Fotolia/Svenja98 51; Fotolia/Tolstykh, Alexander 110; Freyer, Ralf 10, 83; Georg Ots Spa Hotel 32; Huber Images/Dörr, Cornelia 6-7; Huber Images/R. Schmid 120, 145, 147; Huber Images/Simeone 67; Huber Images/Stefano Cellai 78; istockphoto/AGrigorjeva 126; Könnecke, Jochen 8 oben; laif/Babovic 42, 94, 108, 116, 133; laif/Eisermann 48; laif/Galli 29; laif/Hemis 105; laif/hemis fr./Maurizio Borgese 63; laif/Hirth, Peter 34, 54, 142, 150; laif/Kristensen 103; LOOK-foto/age fotostock 86, 93, 134; LOOK-foto/Frei, Franz Marc 22; LOOK-foto/Stankiewicz, Thomas U2-4, 137; Mauritius Images/imageBROKER/Lenz, Günter 138; Mauritius Images/imageBROKER/Renckhoff, Dirk 14; Randebrock, Silwen 98; Schapowalow/SIME/Simeone, Giovanni U2-2, 9 oben; shutterstock/anjun 56; shutterstock/Bruev, Grisha 114, 118; shutterstock/Burmistrova, Irina 61; shutterstock/f9photos 85; shutterstock/gadag 8 unten; shutterstock/Grigorjeva, Anna 13; shutterstock/imantsu U2-1; shutterstock/imantsu 17; shutterstock/Magcom 36, 37, 38; shutterstock/Nekrassov, Andrei 141; shutterstock/Pavone, Sean 20; shutterstock/Vereshchagin, Dmitry 76; shutterstock/vikau 73; Stankiewicz; Thomas U2-3, 44, 52, 74, 81, 96.

Liebe Leserin, lieber Leser,
wir freuen uns, dass Sie sich für diesen POLYGLOTT on tour entschieden haben.
Unsere Autorinnen und Autoren sind für Sie unterwegs und recherchieren sehr gründlich, damit Sie mit aktuellen und zuverlässigen Informationen auf Reisen gehen können.
Dennoch lassen sich Fehler nie ganz ausschließen. Wir bitten Sie um Verständnis, dass der Verlag dafür keine Haftung übernehmen kann.

Ihre Meinung ist uns wichtig. Bitte schreiben Sie uns:
TRAVEL HOUSE MEDIA GmbH, Redaktion POLYGLOTT, Grillparzerstraße 12, 81675 München, redaktion@polyglott.de
www.polyglott.de

1. komplett überarbeitete Auflage 2015

© 2015 TRAVEL HOUSE MEDIA GmbH München
Dieses Buch wurde auf chlorfrei gebleichtem Papier gedruckt.
ISBN 978-3-8464-2924-2

Bei Interesse an maßgeschneiderten POLYGLOTT-Produkten:
Tel. 089/450 00 99 12
veronica.reisenegger@travel-house-media.de

Bei Interesse an Anzeigen:
KV Kommunalverlag GmbH & Co KG
Tel. 089/928 09 60
info@kommunal-verlag.de

Verlagsleitung: Michaela Lienemann
Redaktionsleitung: Grit Müller
Verlagsredaktion: Anne-Katrin Scheiter
Autoren: Stefanie Bisping, Wolfgang Rössing, Jochen Könnecke
Redaktion: Anja Lehner
Bildredaktion: Silwen Randebrock
Mini-Dolmetscher: Langenscheidt
Layoutkonzept/Titeldesign: fpm factor product münchen
Karten und Pläne: Sybille Rachfall
Satz: uteweber-grafikdesign
Herstellung: Anna Bäumner
Druck und Bindung: Printer Trento

PEFC
PEFC/18-31-506

TRAVEL HOUSE MEDIA

Ein Unternehmen der
GANSKE VERLAGSGRUPPE

Mini-Dolmetscher Baltikum

Allgemein	Litauisch	Lettisch	Estnisch
Guten Morgen	Labas rytas [labas rihtas]	Labrīt [labriht]	Tere hommikust [derre hommikußt]
Guten Tag	Laba diena [laba dina]	Labdien [labdiän]	Tere [derre]
Guten Abend	Labas vakaras [labas vakaras]	Labvakar [labwakar]	Tere õhtust [derre yhtußt]
Ich heiße	Mano pavardė [mano pavardäh]	Mans vārds ir [mans wahrds ir]	[tänan häßti] Minu nimi on
Auf Wiedersehen	Iki pasimatymo [iki pasimatihmo]	Uz redzēšanos [us rädsähschanoß]	[minu nimi on] Head aega [he·ad a·ega]
Sprechen Sie Deutsch/ Englisch?	Ar Jus kalbate vokiškai / angliškai? [ar jus kalbate wokischkai / anglischkai]	Vai Jūs runājiet vāciski/angliski? [wai juhß runahjät wahziski/anglißki]	Kas Te räägite saksa-keelt/ingliskeelt? [kaß te rähgite ßakßakehlt / inglißkehlt]
Ich verstehe nicht	Aš nesuprantu. [asch nesuprantu]	Es Jūs nesapratu. [eß juhs näßapruotu] atkahrtojät]	Ma ei saa aru. [ma e·i sah aru]
... bitte.	Prašom ... [praschom]	... lūdzu. [luhdsu]	Palun ... [balun]
Danke.	Ačiū [atschiuh]	Paldies. [paldiäß]	Tänan. [tänan]
Wo ist ...?	Kur yra ...? [kur ihra]	Kur ir ...? [kur ir]	Kus on ...? [kuß on]
ja / nein	taip [taip] / ne [nä]	jā [jah] / nē [näh]	jah [jach] / ei [ei]

Shopping	Litauisch	Lettisch	Estnisch
Wo gibt es ...?	Kur yra...? [kur ihra]	Kur ir...? [kur ir]	Kus on...? [kuß on]
Wie viel kostet das?	Kiek tai kainuoja ? [kijek tai kainuoaja]	Cik tas maksā? [zik taß makßah]	Mis see maksab? [miß ßeh makßab]
Das gefällt mir (nicht).	Man tai (ne) patinka. [man tai (ne) patinka]	Man tas (ne)patīk. [man tas (nä)patihk]	See mulle (ei) meeldib! [Seh mulle e·i mehldib]

Essen und Trinken	Litauisch	Lettisch	Estnisch
Die Speisekarte, bitte.	Atsiprašau, galima meniu? [azipraschau galima menju]	Lūdzu ēdienkarti. [luhdsu ähdjänkarti]	Palun andke mulle menüü. [balun antke mulle menüh]
Brot	duona [duoana]	maize [maisä]	leiba [le·iba]
Kaffee	kava [kawa]	kafija [kafija]	kohv [kochf]
Tee	arbata [arbata]	teja [täja]	tee [teh]
Bier	alus [ahluß]	alus [aluß]	õlu [ylu]
Mineralwasser	mineralinis vanduo [mineraliniß wanduoa]	mineralūdens [mineraludänß]	vesi gaasiga / mineraalvesi [wessi gahsiga / minerahlwessi]
Ich möchte bezahlen.	Prašom sąskaitą. [praschom ßahßkaitah]	Lūdzu, rēķinu. [luhdsu rjähkjinu]	Palun arvet. [balun arwet]

Im Hotel	Litauisch	Lettisch	Estnisch
Ich habe ein Zimmer reserviert.	Aš užrezervavau viena kambarį. [asch uschreserwawau kambarih]	Man te ir pasūtīta istaba. [man tä ir paßuhtihta ißtaba]	Minu nimele on tuba broneeritud. [minu nimele on tuba bronehritut]
Ich suche ein Zimmer für zwei Personen.	Mes esame du asmenys, norime vieno kambario. [meß esamä du aßmänihs nohrimäh wihnoh]	Es meklēju istabu divām personām [äß mjäklähju ißtabu diwahm pärßonahm]	Üks tuba kahele, palun. [üks tuba kahele balun]
Wie viel kostet das Zimmer pro Tag?	Kokia kambario kaina? [kohkja kambarioh kaina]	Cik maksā šis numurs diennaktī? [zik makßah schiß numurß diänaktih]	Kui kallis see tuba on? [kui kallis seh tuba on]

Meine Entdeckungen

....

....

....

....

....

....

....

....

....

....

....

....

....

....

....

....

....

....

Clevere Kombination mit POLYGLOTT **Stickern**
Einfach Ihre eigenen Entdeckungen mit Stickern von 1–16 in der Karte markieren
und hier eintragen. Teilen Sie Ihre Entdeckungen auf facebook.com/polyglott1.

Checkliste Baltikum

Nur da gewesen oder schon entdeckt?

☐ **Landherrenleben**
Pädaste Manor, ein Herrenhaus aus dem 16. Jh., liegt auf der Insel Muhu direkt am Meer. Im Restaurant speist man fürstlich; die Umgebung lädt zu ausgedehnten Spaziergängen ein. › **S. 136**

☐ **Der Bauch von Rīga**
Der Zentralmarkt ist Rīgas Herz und der perfekte Ort, um Spezialitäten wie Birkensaft und Hanfbutter zu kosten. › **S. 93**

☐ **Strandeinsamkeit**
Bei Jūrkalne kann man stundenlang am Strand entlangspazieren, ohne einem einzigen Menschen zu begegnen. › **S. 13.**

☐ **Turmparade**
Von der Aussichtsterrasse auf dem Tallinner Domberg schweift der Blick über die Unterstadt mit ihren zahlreichen Kirch- und Wehrtürmen bis zur Ostsee. › **S. 14**

☐ **Moorschuhwandern im Lahemaa-Nationalpark**
Schneeschuhähnliches Schuhwerk sorgt für trockene Füße, während man über sumpfige Böden wandert und den Geheimnissen dieses besonderen Ökosystems nachspürt. › **S. 12**

☐ **Fahrt im Kurenkahn**
Während man gemächlich über das Haff schippert, zieht die eindrucksvolle Dünenlandschaft der Kurischen Nehrung vorbei. › **S. 12**

☐ **Sonnenuntergang bei Palanga**
Von dem 600 m ins Meer ragenden Steg aus sieht man die Sonne rot glühend in der Ostsee versinken. › **S. 15**

Mitbringsel für Daheim

Essbarer Bernstein: Süße Leckerei aus Quitte, Sanddorn- und Moosbeerensaft › **S. 16**

Webkunst: Flauschiger Schal aus handgewebtem Leinen von Ars Tela › **S. 16**